かわいくって実用的！

にこにこ
保育カットCD-ROM

どんぐり。著

はじまるよ〜

マール社

使い方無限大！作例集・1

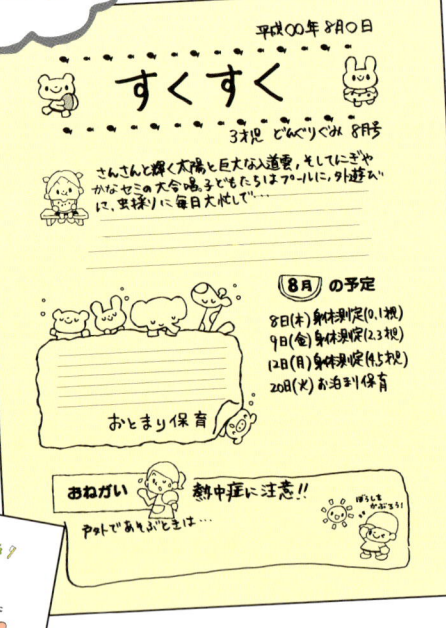

おたより：かかせない保護者の方へのおたよりや配布物も、カットが入ることでぐっと楽しげな印象に！

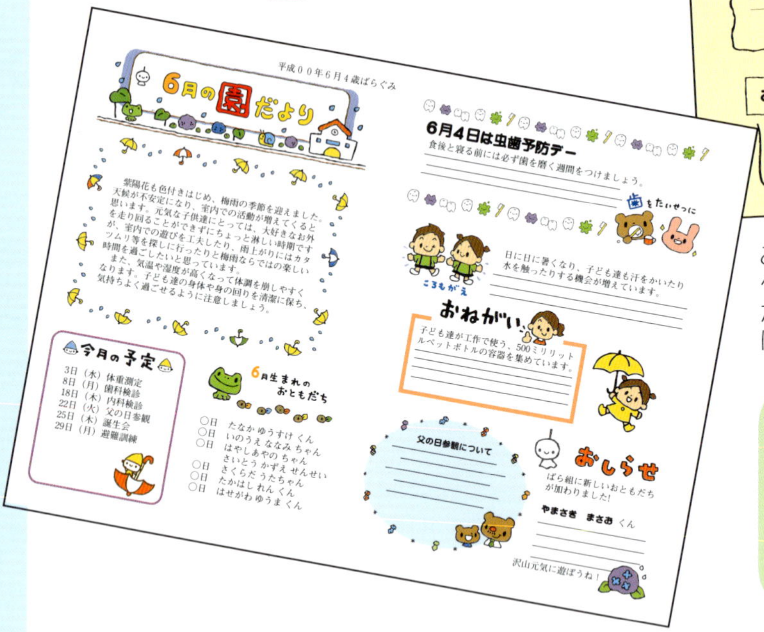

コピーしてたくさん配布するものなら白黒データ、お知らせなどの掲示物や壁面飾り等、点数を多く作らず目立たせたいものにはカラーがおすすめです。用途に合わせて使い分けて下さい。

コピー派の先生もパソコン派の先生もみんなで使えます！

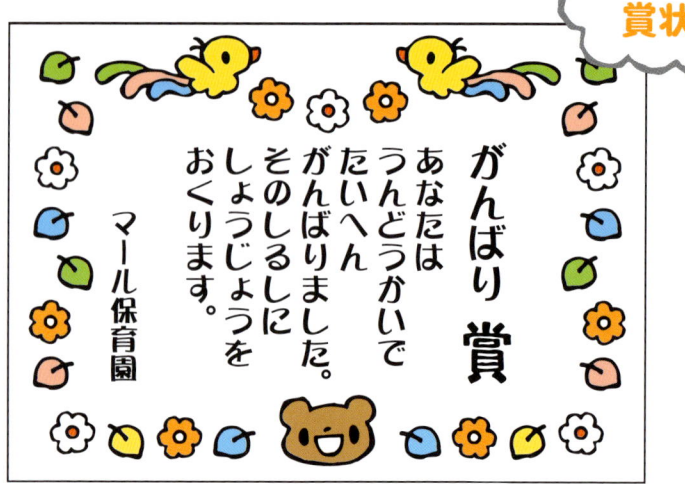

季節のはがき

クラスや個人のマーク

ポスター

ポスター：プリントするだけで簡単！水周りや屋外に貼る時には、百円ショップ等で手に入る書類整理用のクリアファイルやクリアーポケットに入れると長持ちします。

ぬりえ

表紙絵

ぬりえ：こどもはぬり絵が大好き！白黒データをプリントしたりコピーしたりすればすぐに使えます。

目次

- ★ 使い方無限大！作例集・1 ……… p2
- ★ 目次 ……… p4
- ★ CD-ROMについて ……… p6
  - 本の見方 ……… p6
  - 本を使って画像を探そう ……… p6
  - JPEG形式とPNG形式 ……… p7
  - どう違うの？
  - CD-ROMはどこ？ ……… p8
  - フォルダ構成 ……… p9
- ★ ワード2003でイラストをつかってみよう ……… p10
  - 画像を挿入する ……… p10
  - 画像を動かす ……… p12
  - 一部分を使う（トリミング） ……… p13
- ★ ワード2007でイラストをつかってみよう ……… p14
  - 画像を挿入する ……… p14
  - 画像を動かす ……… p16
  - 一部分を使う（トリミング） ……… p17
- ★ こんな使い方も！作例集・2 ……… p18

１２ヶ月のカット

		カラー	白黒
4月	タイトル／お花／登園	p20	p90
	入園／4月のイメージ／イースター／交通安全教室／お弁当／新入園児歓迎会	p21	p91
		p22	p92
	囲み枠・飾り罫	p22〜p23	p92〜p94
5月	タイトル／5月のイメージ／愛鳥週間／ゴールデンウィーク	p24	p95
	こどもの日／母の日	p25	p96
	春の遠足	p26	p97
	囲み枠・飾り罫	p26〜p27	p97〜p99
6月	タイトル／6月のイメージ／梅雨	p28	p100
	虫歯予防デー／時の記念日／父の日	p29	p101
	衣替え／シャボン玉	p30	p102
	囲み枠・飾り罫	p30〜p31	p102〜p104
7月	タイトル／プール	p32	p105
	七夕／冷たい食べ物／7月のイメージ	p33	p106
	囲み枠・飾り罫	p34	p107〜p108
8月	タイトル／8月のイメージ／海	p35	p109
	夏祭り／花火大会／キャンプ／きもだめし／お泊まり保育	p36	p110
	囲み枠・飾り罫／暑中見舞い・残暑見舞い	p37	p111〜p113
9月	タイトル／新学期／9月のイメージ	p38	p114
	お月見／敬老の日／動物愛護デー／防災の日	p39	p115
	囲み枠・飾り罫	p40	p116〜p117
10月	タイトル／10月のイメージ／秋の遠足	p41	p118
	ハロウィン／目の愛護デー／ご案内ポスター	p42	p119〜p120
	運動会	p43	p121
	囲み枠・飾り罫	p44	p122〜p123
11月	タイトル／11月のイメージ／いもほり	p45	p124
	七五三／作品展／勤労感謝の日／読書週間	p46	p125
	囲み枠・飾り罫	p47	p126〜p127
12月	タイトル／12月のイメージ／冬至	p48	p128
	クリスマス／大掃除	p49	p129
	もちつき／除夜の鐘／年越し	p50	p130
	囲み枠・飾り罫	p50〜p51	p130〜p133
1月	タイトル／1月のイメージ／冬の遊び	p52	p134
	お正月	p53	p135
	十二支	p54	p136
	囲み枠・飾り罫／年賀状	p54〜p55	p136〜p140
2月	タイトル／2月のイメージ／風邪に注意／火の用心	p56	p141
	節分／バレンタインデー／おゆうぎ会／音楽会	p57	p142
	囲み枠・飾り罫	p58	p143〜p145
3月	タイトル／3月のイメージ	p59	p146
	ひなまつり／卒園	p60	p147
	耳の日／もうすぐ1年生／お別れ遠足	p60	p148
	囲み枠・飾り罫	p61〜p62	p148〜p150

		カラー	白黒
フリー	何にでも使えるカット・飾り罫	p63	p151
文字	タイトル文字／文字	p64	p152

園の生活のカット

		カラー	白黒
遊び	屋外の遊び	p66	p154
	室内の遊び／伝承遊び	p67	p155
生活	読み聞かせ／学習／運動／元気にお返事／制作／おとうばん	p68	p156
	音楽／おゆうぎ／お昼寝／生き物	p69	p157
食	お弁当／食育／給食	p70	p158
	おやつ／お菓子／お料理	p71	p159
保健	健康診断／身体測定／予防接種／各種検診／体調／清潔にしよう	p72	p160
	トイレ／衛生・身だしなみ／暑い日の指導	p73	p161
約束	生活の約束・指導	p73〜p74	p161〜p163
安全	身のまわりの危険／防犯（いかのおすし）	p74	p163
先生・保護者	先生／お礼・謝罪など／面接・面談／家庭訪問／保護者・家庭	p75	p164
赤ちゃん	赤ちゃんの生活／飾り罫	p76	p165

		カラー	白黒
誕生日	お誕生会／プレゼント・ケーキ／文字・囲み枠	p77	p166
賞状	メダル／賞状／表紙絵	p78〜p79	p167〜p173
ごっこ遊び	おみせやさんごっこ／おみせマーク	p80	p174〜p177
	お弁当マーク	p81	p177〜p179
マーク	かお／動物	p82	p180〜p181
	鳥／海の生き物／虫／お花／フルーツ	p83	p181〜p182
	野菜／生活／教材	p84	p182〜p184
	衣類／赤ちゃんグッズ／おままごと／おもちゃ／乗り物	p85	p184〜p185
フォント	ひらがな／記号／数字	p86	p186〜p187
	お名前シール用囲み／カタカナ／記号	p87	p188〜p189
似顔絵	かおパーツ	p88	p190〜p191

CD-ROMについて

　付属のCD-ROMは、画像データを収録した素材集です。インストールをして使うものではありません。使う時にCD-ROMを挿入し、画像を開いて下さい。何度も使いたいお気に入りの素材はパソコンにコピーしておくと便利です。（ウィンドウズの場合はデスクトップに画像をドラッグ、マッキントッシュの場合はデスクトップにoption+ドラッグでコピーできます）。

　収録してある素材を開くためには、画像を扱うことのできるソフトが必要です。Microsoft Word（ワード）、一太郎、アップルワークスなどが代表的なソフトですが、年賀状作成ソフトなどもほとんどが画像を扱えます。

このCD-ROMが使えるパソコン
Windowsマシン
Macintosh

★**データ形式**
JPEG形式＆PNG形式
（両方入っています）

画像解像度…150dpi
カラーデータ…RGBフルカラー
白黒データ…グレースケール

本の見方

　付属のCD-ROMには同じイラストがカラーと白黒で、また、それぞれJPEG形式とPNG形式で収録されています。そして、そのイラストはすべて本にもカラーと白黒で掲載されています。

　本書は画像データを探す時のカタログのように使うこともできますし、コピー機を使ってページをコピーし、切り貼りして使うこともできます。白黒のイラストはカラーよりもコピー機での使用が多くなると思いますので、使いやすさを考え、ページ上には大きめにして掲載しましたが、データの大きさはカラーも白黒も同じです。また、本に掲載した大きさが違うため、レイアウトの都合上、カラーと白黒で掲載順とデータのファイル名が変わっているものがあります。ご了承下さい。

♥本を使って画像を探そう

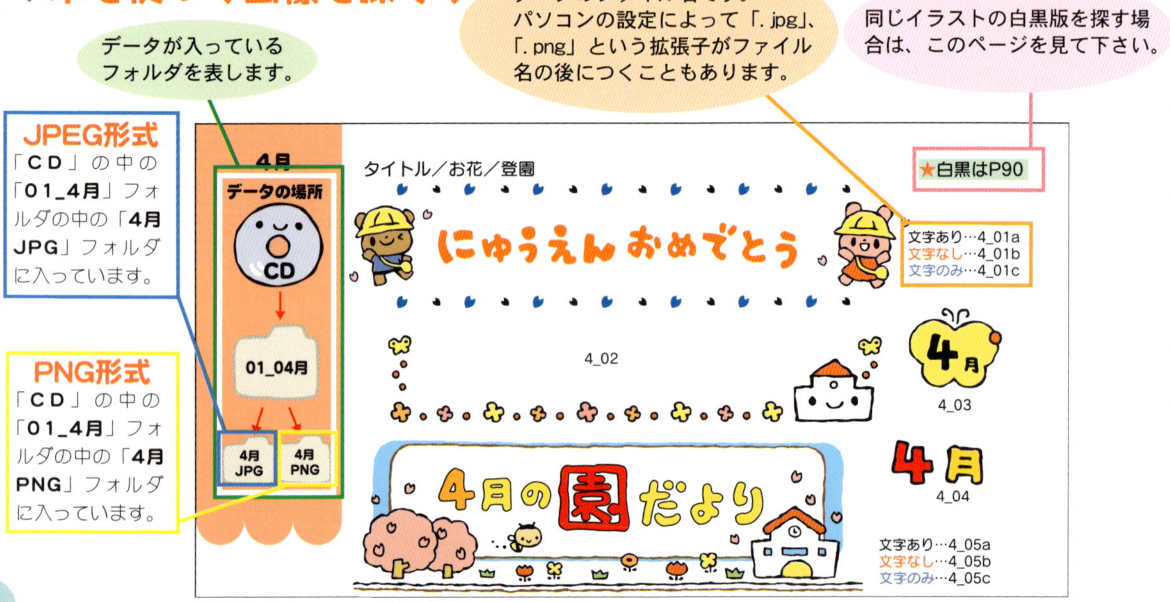

JPEG形式
「CD」の中の「01_4月」フォルダの中の「4月JPG」フォルダに入っています。

PNG形式
「CD」の中の「01_4月」フォルダの中の「4月PNG」フォルダに入っています。

データが入っているフォルダを表します。

データのファイル名です。パソコンの設定によって「.jpg」、「.png」という拡張子がファイル名の後につくこともあります。

同じイラストの白黒版を探す場合は、このページを見て下さい。

タイトル／お花／登園

★白黒はP90

にゅうえん おめでとう
文字あり…4_01a
文字なし…4_01b
文字のみ…4_01c

4_02

4_03

4月の園だより

4_04

文字あり…4_05a
文字なし…4_05b
文字のみ…4_05c

JPEG形式とPNG形式どう違うの？

画像を圧縮する時の方法の違いです。JPEG（ジェイペグと読みます）は背景が白なのに対して、PNG（ピーエヌジーまたはピングと読みます）は背景が透明になります。そのため、画像の上にイラストを重ねる場合や、下に色を入れたい場合は、PNGの方が自然にレイアウトできます。

では、PNGだけでJPEGはいらないかな？と思うかもしれませんが、PNGにも欠点があります。JPEGがほとんどのアプリケーションソフトに対応しているのに対して、PNGはアプリケーションソフトによっては背景が透明にならなかったり、読み込みや印刷に時間がかかったり、また読み込めなかったりすることがあります。お使いのソフトがPNGに対応しているかどうかは、各ソフトに付属のマニュアルを参照して下さい。ワード、エクセルは問題なく使用できます。筆まめ、筆王、一太郎、ハガキスタジオなども対応していますが、古いバージョンではうまくいかない場合もありますのでご注意下さい。

♥収録データはこの4パターン♥

JPEG形式（カラー）

PNG形式（カラー）

JPEG形式（白黒）

PNG形式（白黒）

CD-ROMはどこ？

ウィンドウズの場合→

CD-ROMは**マイコンピュータ**の中です

① パソコンを立ち上げ、本書の巻末に付いているCD-ROMを入れます。

※本書の解説画面は基本的にウィンドウズXPの例を使って説明し、補足的にウィンドウズVistaの例を紹介しています。

⚠ CD-ROMを入れた時の注意

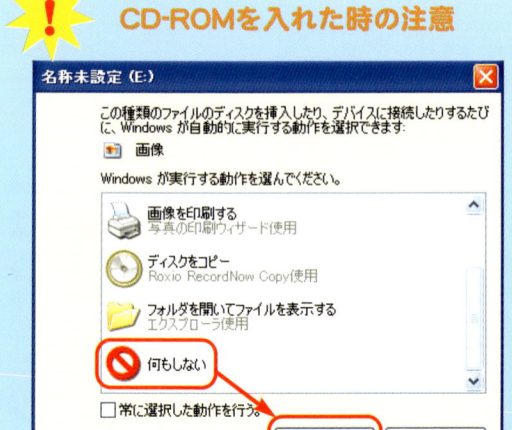

※ウィンドウズXPの場合、CDを入れると上のような画面が現れます。「何もしない」を選択して「OK」をクリックして下さい。

⚠ ウィンドウズVistaの場合 CD-ROMを入れた時の注意

※ウィンドウズVistaの場合、CDを入れると上のような画面が現れます。どこも選択せずに「×」ボタンをクリックして画面を閉じて下さい。

② 画面左下の「スタート」メニューから、右上にある「マイコンピュータ」を選択します。デスクトップにある「マイコンピュータ」のアイコンをダブルクリックして開くこともできます。

ウィンドウズVistaの場合

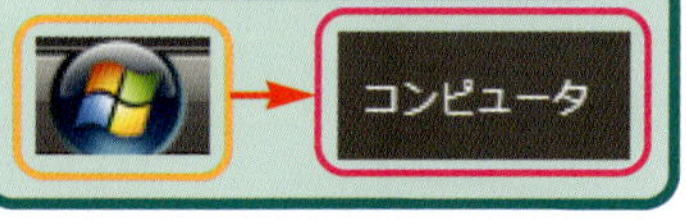

画面左下の「スタートボタン」を押し、右上の「コンピュータ」を選択します。

③ マイコンピュータの中に「N_HOIKU」という名前でCDが表示されています。

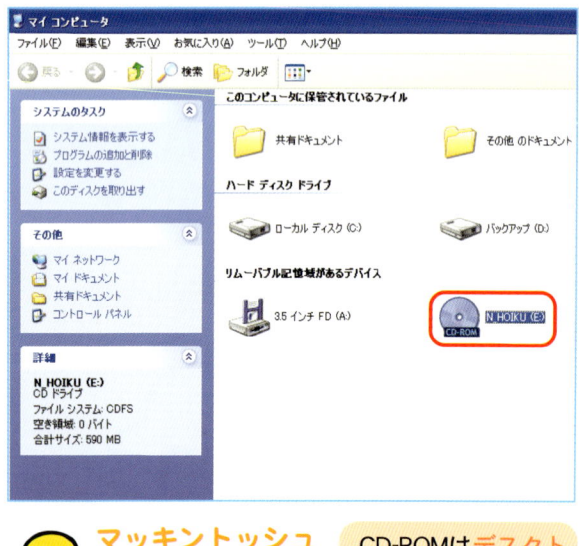

マッキントッシュの場合→

CD-ROMは**デスクトップ**に表示されます

CD-ROMを入れると、デスクトップにウサギのアイコンで「N_HOIKU」という名前でCDが表示されます。

※「Finder」の設定によっては、HDの中に表示されることもあります。

フォルダ構成

ウィンドウズVistaの場合

※フォルダ構成とCD-ROMを開く手順は、ウィンドウズVista及び他のバージョンのウィンドウズ、マッキントッシュでも同じです。

「N_HOIKU」CD-ROMを開いてみましょう。

1階層目

「N_HOIKU」CD-ROMの中には、このような27のフォルダが入っています。

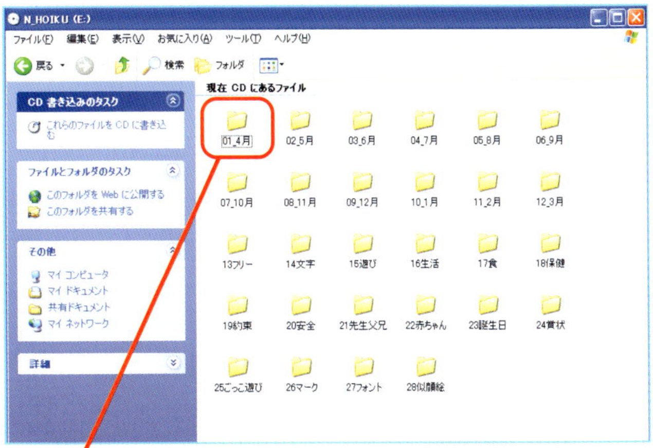

2階層目

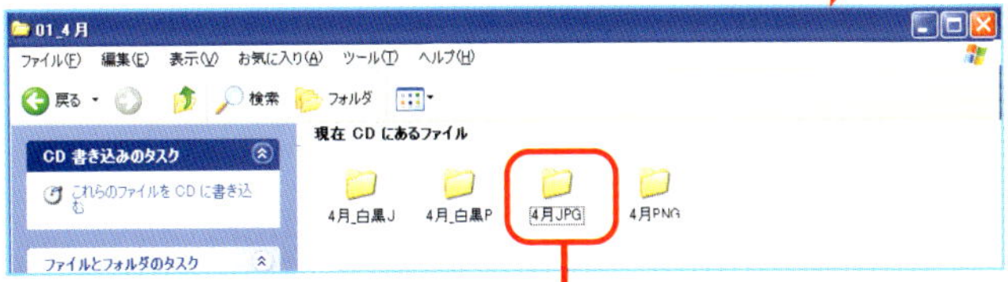

それぞれフォルダの中には、このような4種類のデータが入ったフォルダが入っています。

★ 「白黒J」→白黒のJPEG形式データ
★ 「白黒P」→白黒のPNG形式データ
★ 「JPG」→カラーのJPEG形式データ
★ 「PNG」→カラーのPNG形式データ

使いたい「色・形式」を選んで下さい。

3階層目

3階層目にそれぞれのフォルダの中に入っているデータが現れます。スクロールバーを上下に動かして、目的のイラストを探して下さい。

ワード2003でイラストをつかってみよう

 画像を挿入する

※画面はワード2003、ウィンドウズXPの例です

※ワード2007をお使いの方はP14へ

① CD-ROMを挿入します。
ワードを立ち上げ、画像を挿入したい文書を用意します。

② メニューバーから「挿入」を選択します。
「挿入」のサブメニューから、「図」、「ファイルから」の順に選択していきます。

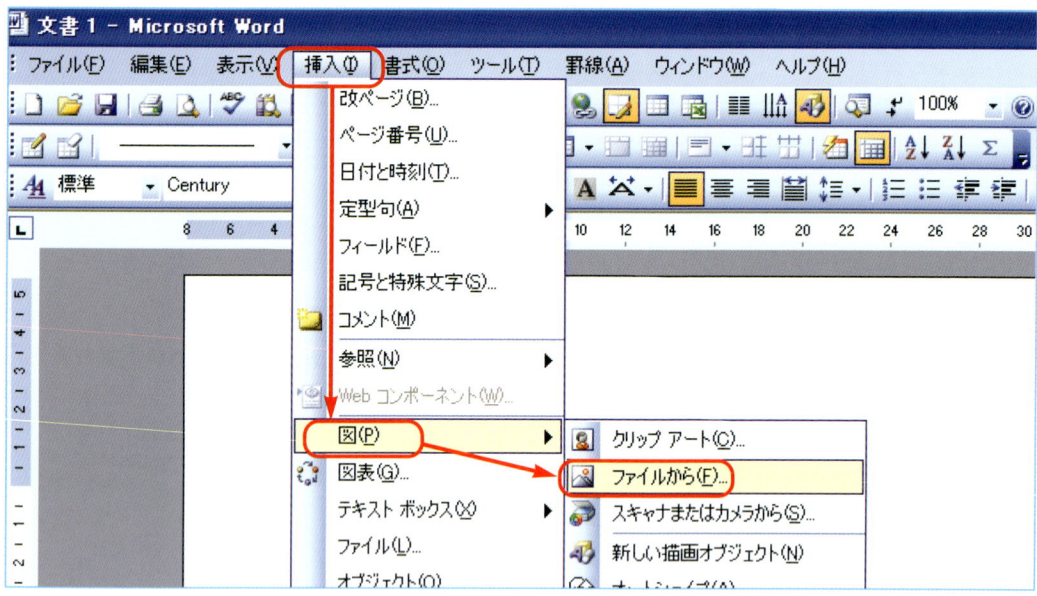

③ 「図の挿入」ウィンドウが開くので、続いて「マイコンピュータ」の中の「N_HOIKU」を開きます。

「∨」マークをクリックすると「N_HOIKU」が見つかります。

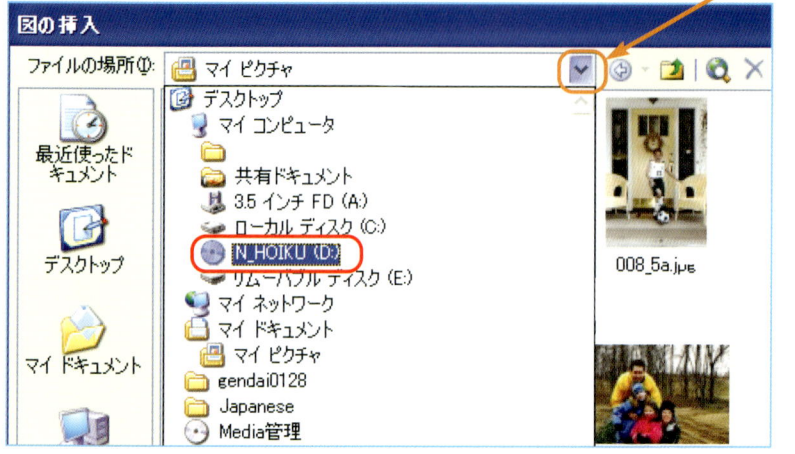

※ワードの詳しい操作法方については、ワードに付属のマニュアルをご覧頂くか、ワードの開発元であるマイクロソフト様にお問い合わせ下さい。小社では操作方法についてのご質問にはお答えしておりません。ご了承下さい。

④ 本から選んだイラストのデータがあるフォルダを、順番にダブルクリックして開いていきます。

ここでは、P20の「4_03」のチョウチョのイラストを挿入します。

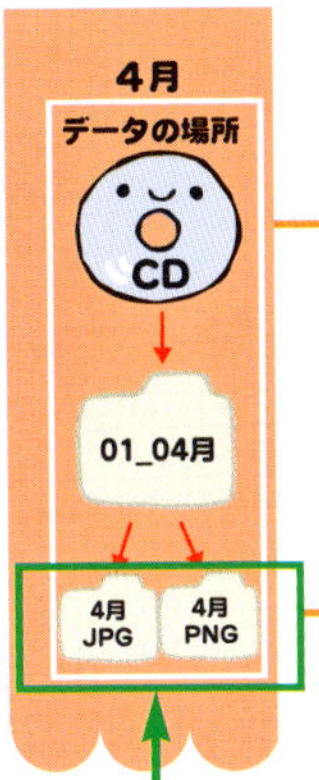

データ名 → 4_03

データの場所はここです。この順番に開きましょう。

挿入したいデータ形式のフォルダを選んで開いて下さい。

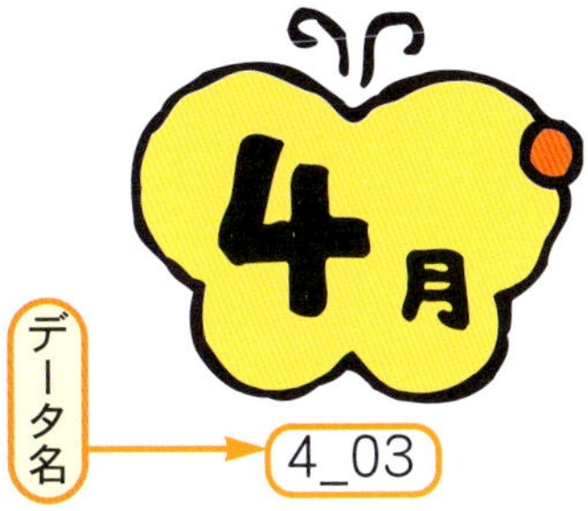

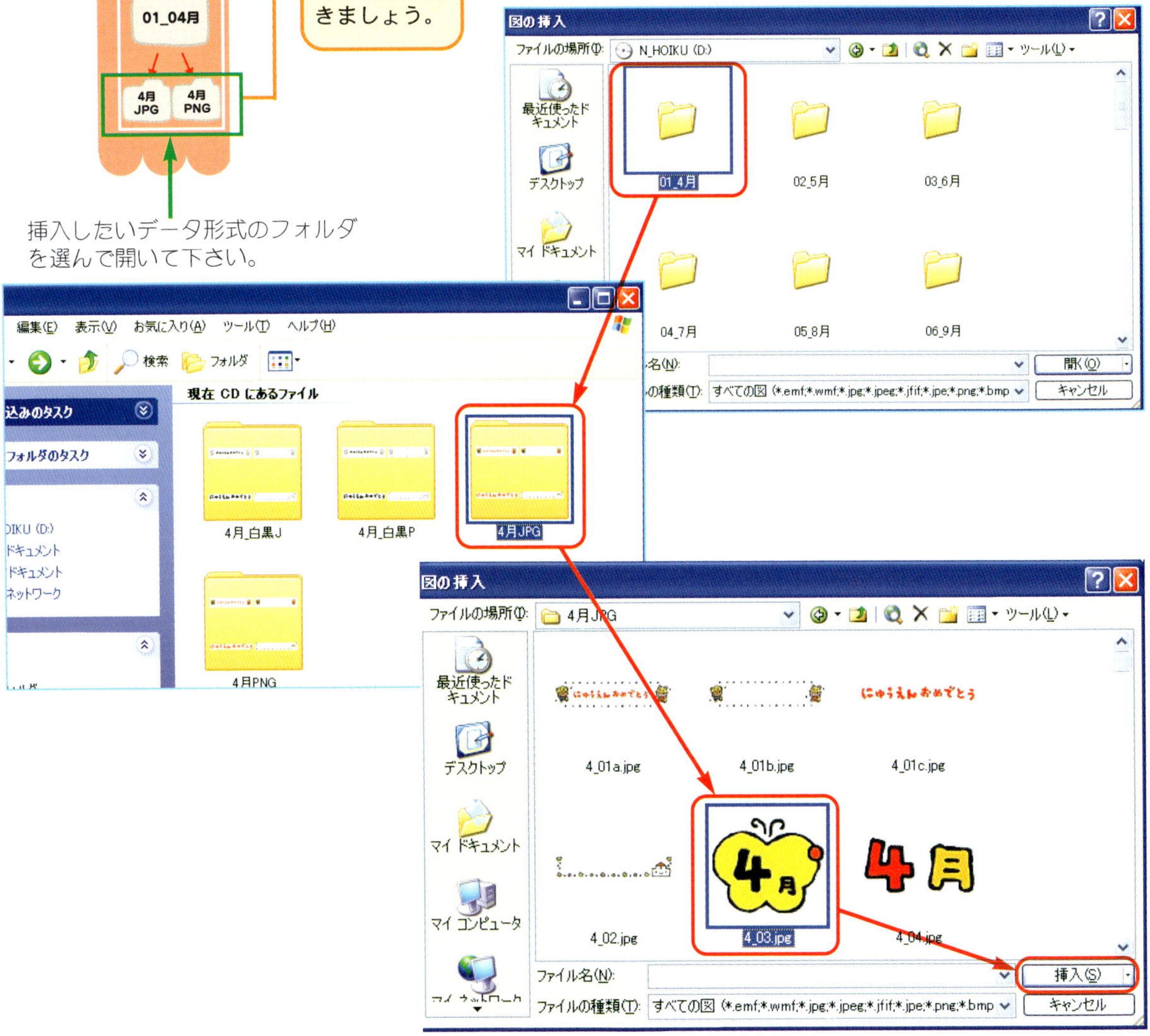

⑤ ワードの文書に、選んだイラストが挿入されました。
画像を選択するとこのような枠がつきます。この枠は画像が行内（文字の中）に組み込まれていることを表します。
この状態では、自由に画像を動かすことができません。（拡大・縮小・回転は可能です）
動かし方については次ページを見て下さい。

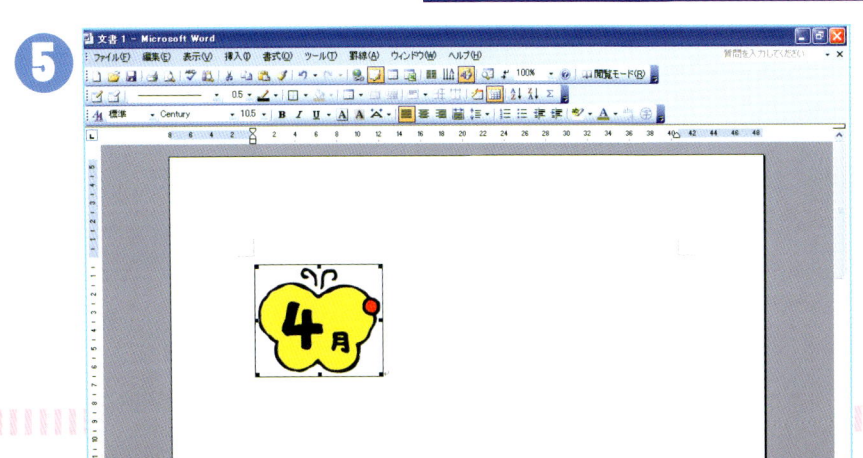

画像を動かす

① 画像を動かすために、「図の書式設定」をします。

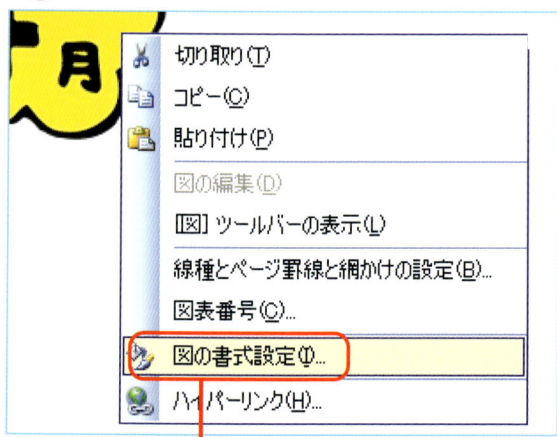

画像の上から「右クリック」し、現れたメニューから「図の書式設定」を選択します。

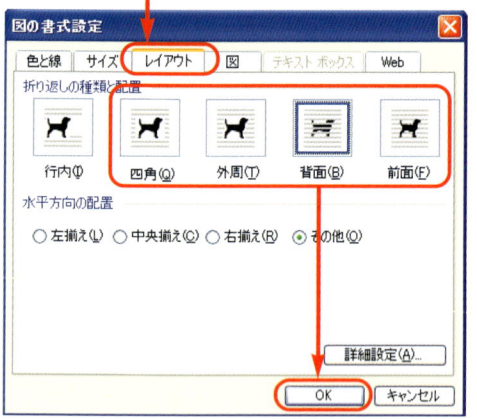

「図の書式設定」ウィンドウが開きました。レイアウトタブで「行内」以外を選択し、「OK」をクリックします。上に文字などを乗せる場合は「背面」を、下に色などを入れる場合は「前面」を選択すると良いでしょう。

② 画像の枠が「○」に変わりました。これで画像は自由に動かせます。

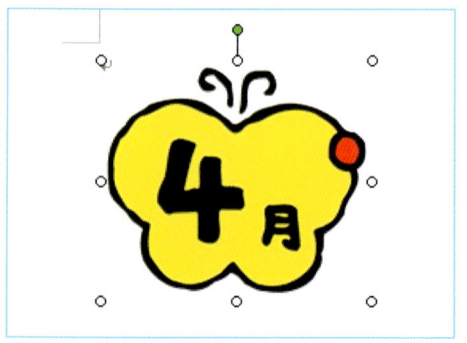

画像の移動

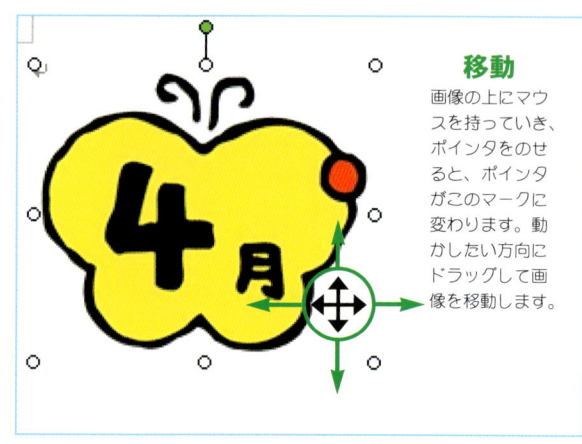

移動
画像の上にマウスを持っていき、ポインタをのせると、ポインタがこのマークに変わります。動かしたい方向にドラッグして画像を移動します。

画像の拡大・縮小・回転

回転 この「●」が出ないバージョンの場合は、メニューから回転を行います。

拡大／縮小
角の「○」を内側にドラッグすると縮小、外側にドラッグすると拡大できます。

横幅の変更
縦の長さは変わらず、横幅のみの拡大・縮小を行います。

縦の長さの変更
横の長さは変わらず、縦の長さのみの拡大・縮小を行います。

一部分を使う（トリミング）

※トリミングは四角のみです。入り組んだイラストの切り抜きなどはできません。

データの一部分のみを切り取って使う方法を紹介します。

❶ P20の「4_21」の、黄色いお花だけを部分的に使うことにしました。

画像を選択し、ツールバーから「トリミング」ツールをクリックします。

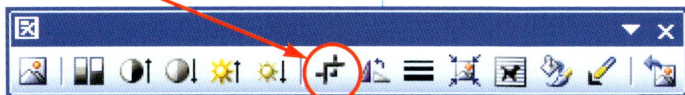

※ツールバーが見つからない場合は、メニューバーから「表示」→「ツールバー」→「図」の順に選択すると表示されます。

❷

画像の枠が変わり、トリミングできる状態になりました。

黄色いお花のところまでドラッグしてトリミングします。

❸

一度他をクリックして選択をはずし、もう一度選択すると元の枠に戻ります。

黄色いお花のみになり、トリミング完了です。

ワード2007でイラストをつかってみよう

 画像を挿入する　　※画面はワード2007、ウインドウズXPの例です

※ワード2003をお使いの方はP10へ

① CD-ROMを挿入します。
ワードを立ち上げ、画像を挿入したい文書を用意します。

② リボンから「挿入」タブをクリックし、「挿入」の図グループから「図」を選択します。

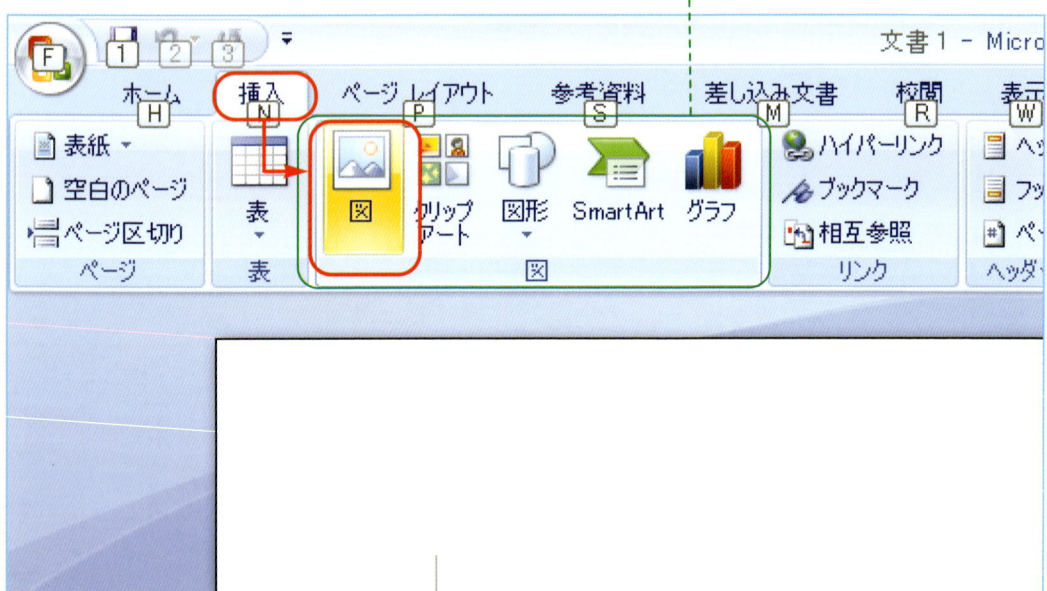

③ 「図の挿入」ウインドウが開くので、続いて「マイコンピュータ」の中の「N_HOIKU」を開きます。

「∨」をクリックすると「N_HOIKU」が見つかります。

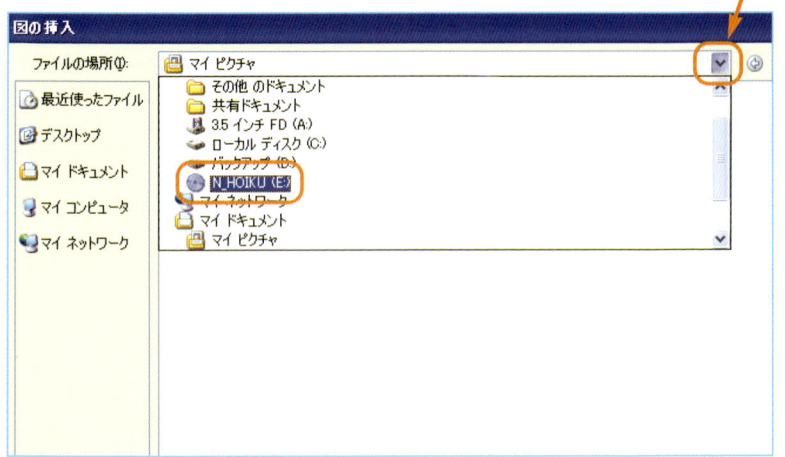

※ワードの詳しい操作法方については、ワードに付属のマニュアルをご覧頂くか、ワードの開発元であるマイクロソフト様にお問い合わせ下さい。小社では操作方法についてのご質問にはお答えしておりません。ご了承下さい。

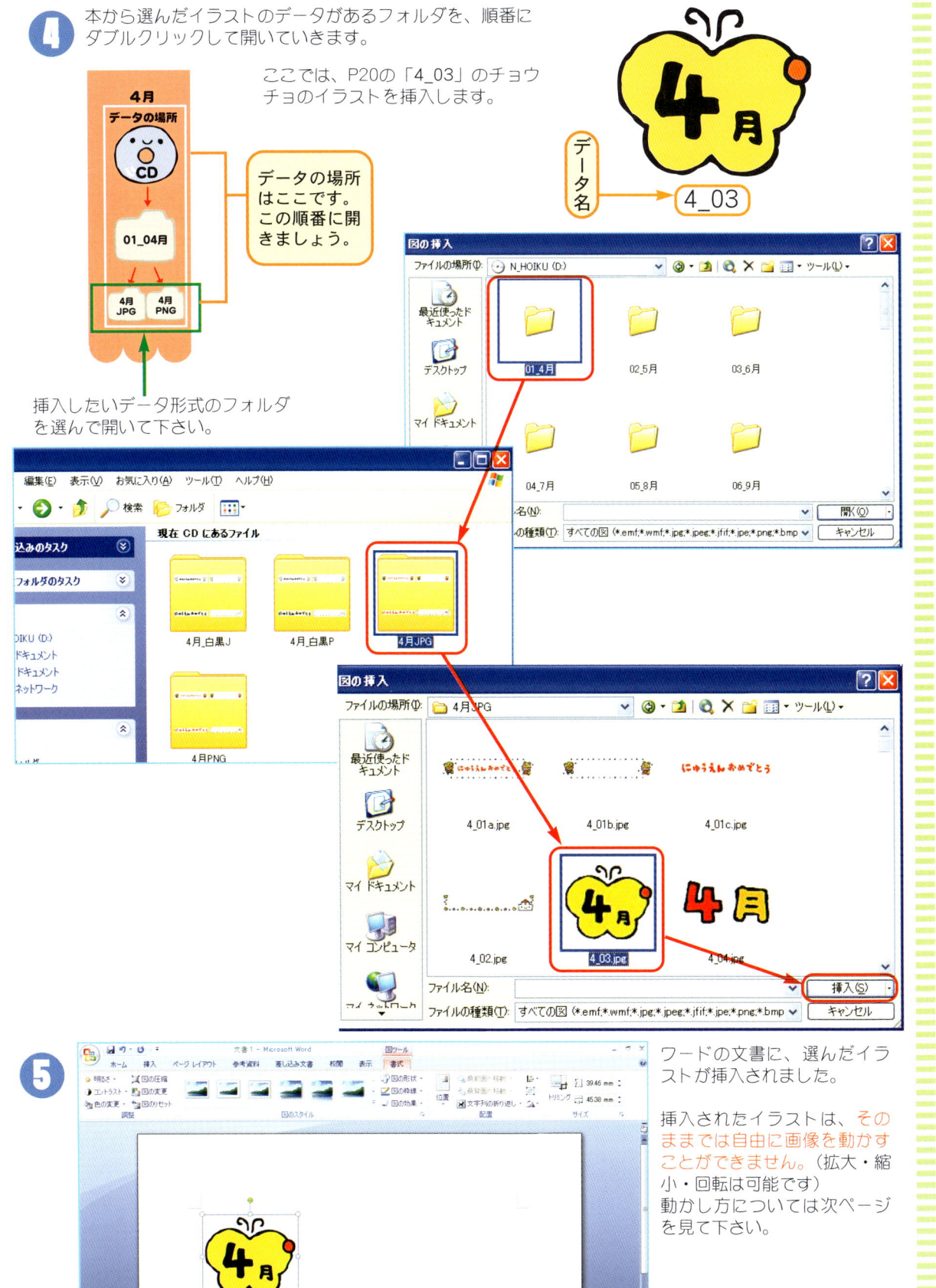

画像を動かす

① 画像を動かすために、図の「書式」を設定します。

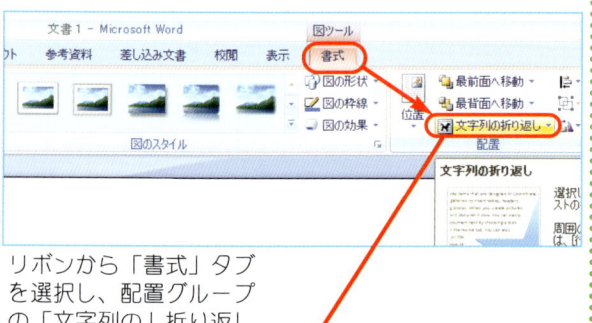

リボンから「書式」タブを選択し、配置グループの「文字列の」折り返しをクリックします。

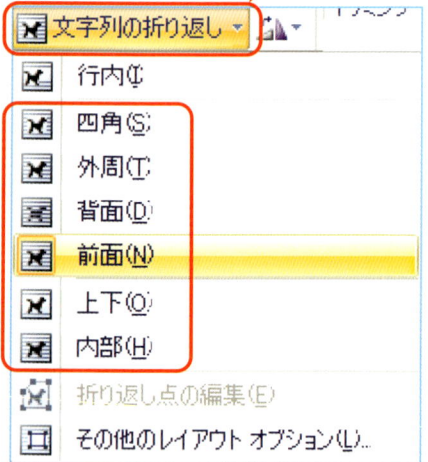

現れたメニューから「行内」以外を選択します。上に文字などを乗せる場合は「背面」を、下に色などを入れる場合は「前面」を選択すると良いでしょう。

② これで画像は自由に動かせます。

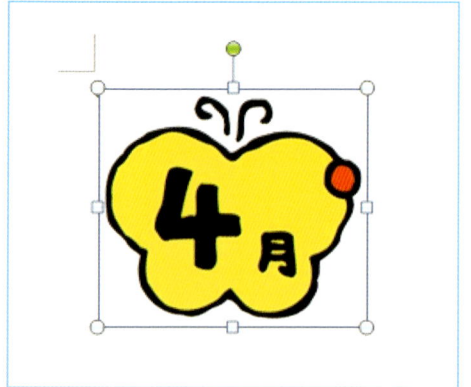

画像の移動

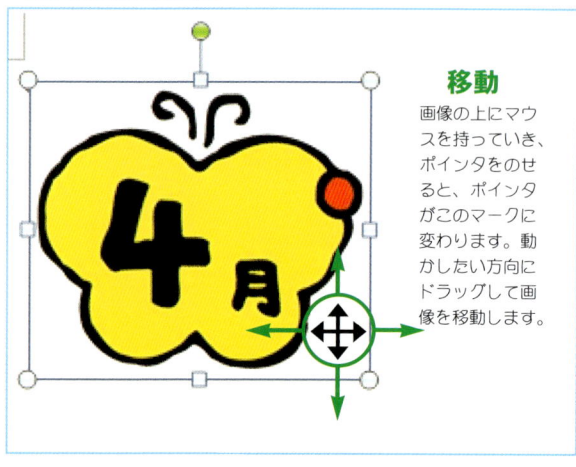

移動
画像の上にマウスを持っていき、ポインタをのせると、ポインタがこのマークに変わります。動かしたい方向にドラッグして画像を移動します。

画像の拡大・縮小・回転

回転 この「●」が出ないバージョンの場合は、メニューから回転を行います。

拡大
縮小
角の「○」を内側にドラッグすると縮小、外側にドラッグすると拡大できます。

横幅の変更
縦の長さは変わらず、横幅のみの拡大・縮小を行います。

縦の長さの変更 横の長さは変わらず、縦の長さのみの拡大・縮小を行います。

一部分を使う（トリミング）

※トリミングは四角のみです。入り組んだイラストの切り抜きなどはできません。

データの一部分のみを切り取って使う方法を紹介します。

 p20「4_21」の、黄色いお花だけを部分的に使うことにしました。

画像を選択し、「書式」タブのサイズグループから、「トリミング」をクリックします。

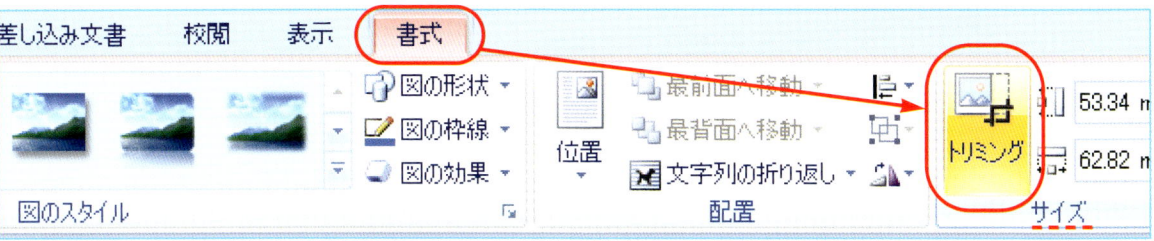

画像の枠が変わり、トリミングできる状態になりました。
※バージョンによっては枠が変わらない場合もあります。

黄色いお花のところまでドラッグしてトリミングします。

一度他の所をクリックして選択をはずし、もう一度選択すると元の枠に戻ります。

黄色いお花のみになり、トリミング完了です。

こんな使い方も！作例集・2

メダル

P78「sho_01」を使用

メダル：プリントアウトした紙を厚紙に貼って切り取り、事務用パンチで穴を空けてリボンを通しました。

おとうばんバッヂ

P78「sho_04」「sho_05」を使用

おとうばんバッチ：プリントした紙を厚紙に貼って切り取り、バイアステープを輪にして裏に貼り、安全ピンを取り付けました。

お弁当ごっこ

お弁当ごっこ：マグネットステッカーにできる市販の特殊プリント用紙にカラーデータを印刷してつくりました。ホワイトボード等に貼ってみんなで遊ぶことができます。

P81「go_35」〜「go_72」を使用

お誕生日カード

お誕生日カード：お誕生日のイラストをプリントアウトして色紙に貼ればあっというまに完成です。P88の「にがおえけいかく」で作った似顔絵を入れればさらに喜ばれることまちがいなしです！

P77「tan_17a」、「tan_17c」、「tan_09」
P88「kao_05」、「kao_17」、「kao_23」
「kao_28」、「kao_30」を使用

7月

タイトル／プール

★白黒はP105

文字あり…7_01a
文字なし…7_01b
文字のみ…7_01c

文字あり…7_02a
文字なし…7_02b
文字のみ…7_02c

7_03

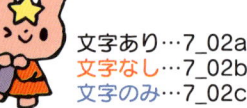

7_04

7_05

7_06

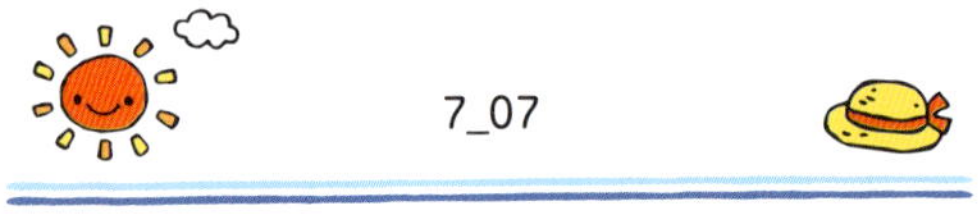

7_07

7_08

7_09

7_10

文字あり…7_11a
文字なし…7_11b

7_12

7_13

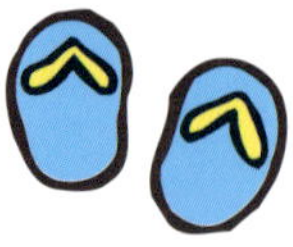

7_14

7_15

7_16

7_17

7_18

7_19

7_20

7_21

7_22

7_23

7_24

7_25

7_26

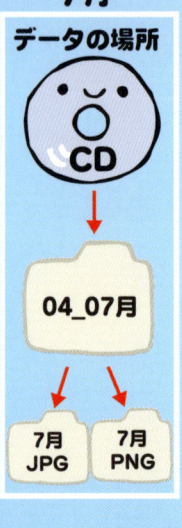

7月

囲み枠・飾り罫

★白黒はP107〜108

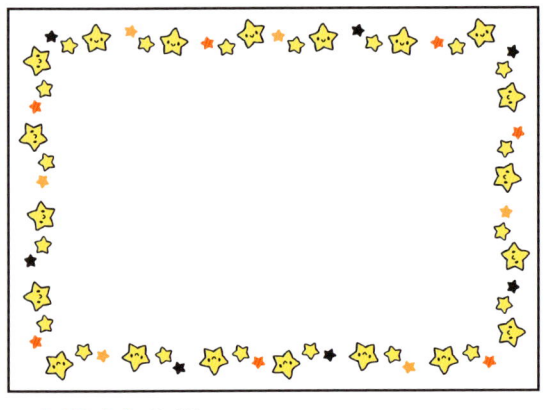

A4サイズ…7_57a
ハガキサイズ…7_57b

7_58

7_59

7_60

7_61

7_62

7_63

7_64

7_65

A4サイズ…7_66a
ハガキサイズ…7_66b

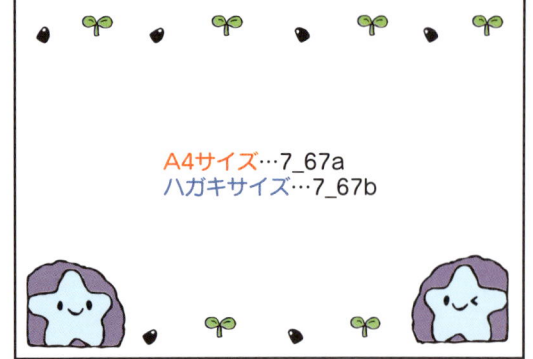

A4サイズ…7_67a
ハガキサイズ…7_67b

★白黒はP109　　　　　　　　　　タイトル／8月のイメージ／海

8月

データの場所
CD
↓
05_08月
↓　↓
8月JPG　8月PNG

8_01

8月の園だより
文字あり…8_02a
文字なし…8_02b
文字のみ…8_02c

はなびたいかい
文字あり…8_03a
文字なし…8_03b
文字のみ…8_03c

8_04

8月
8_05

8_06

なつまつり 8_07

8月生まれのおともだち

8月
8_09
文字あり…8_08a
文字なし…8_08b

おとまり保育 8_10　キャンプ 8_11　夏期保育 8_12

8_13

8_14

8_15

はなの日

8_16

8_17

8_18

8_19

8_20

8_21

8_22

8_23

8_24

8_25

8_26

8_27

8_28

8_29

8_30

8_31

35

8月

夏祭り／花火大会／キャンプ／きもだめし／お泊まり保育

★白黒はP110

データの場所
CD
↓
05_08月
↓
8月JPG　8月PNG

なつまつり
文字あり…8_33a
文字なし…8_33b

8_32　8_34　8_35　8_36　8_37　8_38　8_39　8_40　8_41　8_42　8_43　8_44　8_45　8_46　8_47　8_48　8_49　8_50　8_51　8_52　8_53　8_54　8_55　8_56　8_57　8_58　8_59　8_60　8_61

たこやき

36

★白黒はP111〜113　　囲み枠・飾り罫／暑中見舞い・残暑見舞い

8月

データの場所

CD → 05_08月 → 8月JPG / 8月PNG

8_62

A4サイズ…8_63a
ハガキサイズ…8_63b

A4サイズ…8_64a
ハガキサイズ…8_64b

8_65

A4サイズ…8_66a
ハガキサイズ…8_66b

8_67

8_68

8_69

8_70

8_71

8_72

暑中おみまい
申し上げます。

ハガキサイズ文字あり…8_73a
ハガキサイズ文字無し…8_73b
文字のみ…8_73c

残暑おみまい
申し上げます。

ハガキサイズ文字あり…8_74a
ハガキサイズ文字無し…8_74b
文字のみ…8_74c

9月

データの場所
CD → 06_09月 → 9月 JPG / 9月 PNG

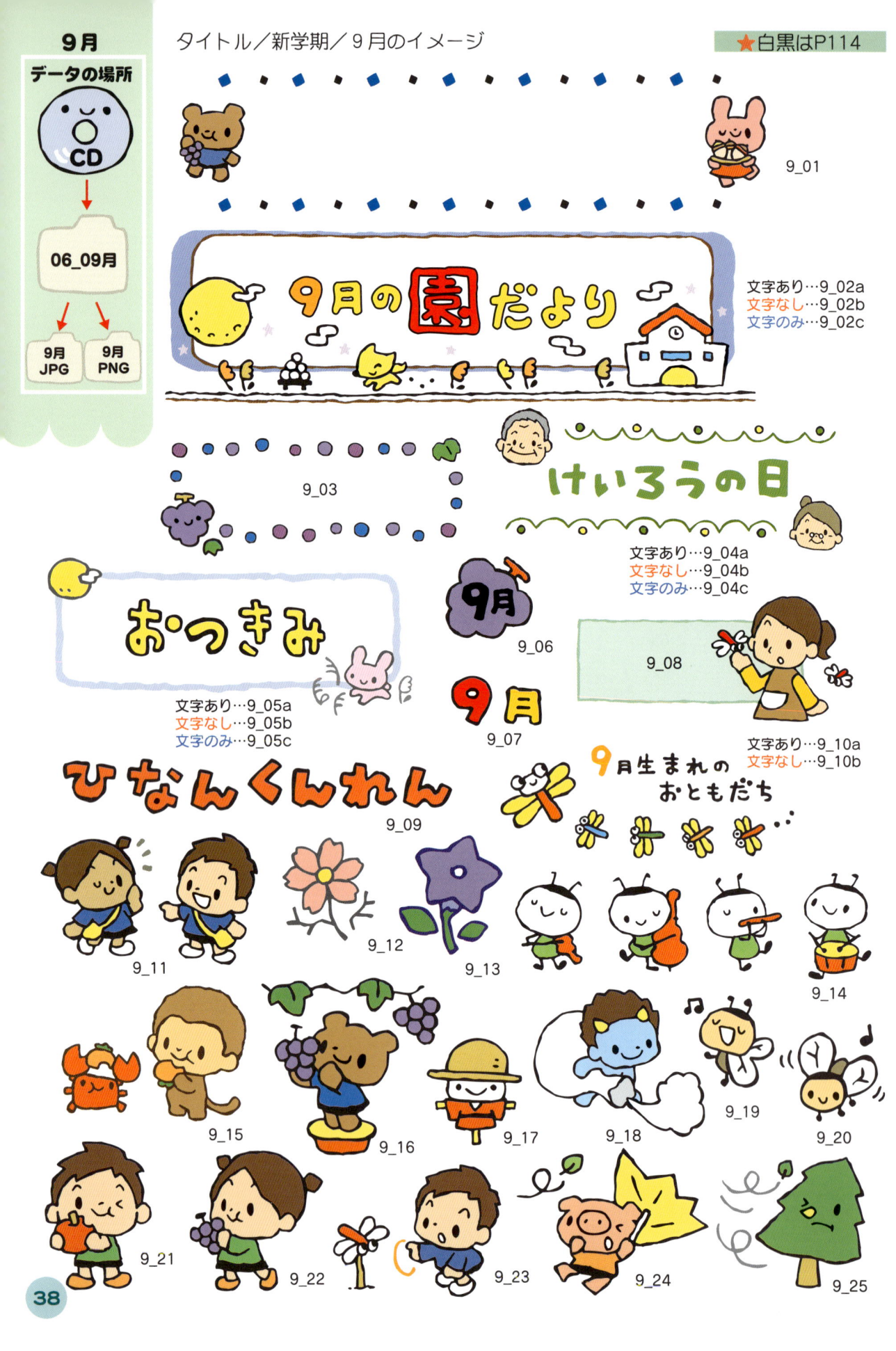

タイトル／新学期／9月のイメージ

★白黒はP114

9_01

9月の園だより
文字あり…9_02a
文字なし…9_02b
文字のみ…9_02c

9_03

けいろうの日
文字あり…9_04a
文字なし…9_04b
文字のみ…9_04c

おつきみ
文字あり…9_05a
文字なし…9_05b
文字のみ…9_05c

9_06

9_07

9_08

9月生まれのおともだち
文字あり…9_10a
文字なし…9_10b

ひなんくんれん 9_09

9_11 9_12 9_13 9_14

9_15 9_16 9_17 9_18 9_19 9_20

9_21 9_22 9_23 9_24 9_25

38

★白黒はP115　　　　お月見／敬老の日／動物愛護デー／防災の日

9月
データの場所
CD
↓
06_09月
↓　　↓
9月JPG　9月PNG

9_26
9_27
9_28
9_29
9_30
9_31
9_32
9_33
9_34
9_35
9_36
9_37
9_38
9_39
9_40

いつまでも
げんきでいてね

文字あり…9_43a
文字なし…9_43b

9_41
9_42
9_44
9_45

どうぶつ
あいごデー

文字あり…9_49a
文字なし…9_49b

9_46
9_47
9_48
9_50

✗ おさない　✗ かけない　✗ しゃべらない　✗ もどらない

9_51
9_52
9_53
9_54

9月

データの場所 CD → 06_09月 → 9月JPG / 9月PNG

囲み枠・飾り罫

★白黒はP116〜117

A4サイズ…9_55a
ハガキサイズ…9_55b

A4サイズ…9_56a
ハガキサイズ…9_56b

9_57

9_58

9_59

9_60

9_61

9_62

9_63

9_64

9_65

9_66

★白黒はP118　　タイトル／１０月のイメージ／秋の遠足

10月
データの場所
CD → 07_10月 → 10月JPG / 10月PNG

10月の園だより
文字あり…10_01a
文字なし…10_01b
文字のみ…10_01c

うんどうかい
文字あり…10_02a
文字なし…10_02b
文字のみ…10_02c

ハロウィン
文字あり…10_03a
文字なし…10_03b
文字のみ…10_03c

10_04

10月生まれのおともだち
10_06　　10_07
文字あり…10_05a
文字なし…10_05b

10_08
10_09
10_10
10_11
10_12
10_13
10_14
10_15
10_16
10_17
10_18
10_19
10_20
10_21
10_22
10_23

41

10月

ハロウィン／目の愛護デー／ご案内ポスター

★白黒はP119〜120

データの場所
CD
↓
07_10月
↓ ↓
10月JPG　10月PNG

10_24
10_25
10_26
4体セット／10_27・10_28
10_29
10_30
10_31
10_32
10_33
10_34
10_35
10_36
10_37
10_38
10_39
10_40
10_41
10_42

目を大切に！
文字あり…10_43a
文字なし…10_43b

10_44

★ポスターにも使える大きめサイズのデータです

※運動会以外にも、入園式や各種発表会のときなどにご案内ポスターとして便利に使うことが出来ます。

保護者席
10_45

ビデオコーナー
10_46

来賓席
10_47

救護所
10_48

男子トイレ
10_49

女子トイレ
10_50

はいらないで
10_51

こちらです
10_52

こちらです
10_53

駐車場
10_54

駐車禁止
10_55

使用禁止
10_56

喫煙所
10_57

禁煙
10_58

42

★白黒はP121　　　　　　　　　　　　　　　　　　運動会

10月

データの場所

CD → 07_10月 → 10月JPG / 10月PNG

10_59　10_60　10_61　10_62
10_63　10_64
10_65　10_66　10_67
10_68　10_69　10_70
10_71　10_72　10_73　10_74
10_75　10_76　10_77　10_78　10_79

43

10月

囲み枠・飾り罫

★白黒はP122～123

データの場所

CD
↓
07_10月
↓   ↓
10月   10月
JPG   PNG

A4サイズ…10_80a
ハガキサイズ…10_80b

10_81

10_82

10_83

A4サイズ…10_84a
ハガキサイズ…10_84b

A4サイズ…10_85a
ハガキサイズ…10_85b

10_86

10_87

10_88

10_89

10_90

44

★白黒はP124　　　タイトル／１１月のイメージ／いもほり

１１月
データの場所
CD
↓
08_11月
↓　　↓
11月JPG　11月PNG

11_01

11_02a 文字あり
11_02b 文字なし
11_02c 文字のみ

11_03a 文字あり
11_03b 文字なし
11_03c 文字のみ

11_04

11_05a 文字あり
11_05b 文字なし
11_05c 文字のみ

11_06

11_07

11月生まれのおともだち
11_08a 文字あり
11_08b 文字なし

勤労感謝の日 11_09

七五三 11_10

11_11　11_12　11_13　11_14

11_15　11_16　11_17　11_18　11_19　11_20

11_21　11_22　11_23　11_24

45

11月

七五三／作品展／勤労感謝の日／読書週間

★白黒はP125

データの場所
CD → 08_11月 → 11月JPG / 11月PNG

七五三

11_25　11_26　11_27　11_28
11_29　11_30　11_31　11_32　11_33
11_34　11_35

さくひんてん
文字あり…11_36a
文字なし…11_36b

11_37　11_38　11_39
11_40　11_41　11_42
11_43

読書週間
文字あり…11_44a
文字なし…11_44b

11_45
11_46　11_47　11_48　11_49　11_50

46

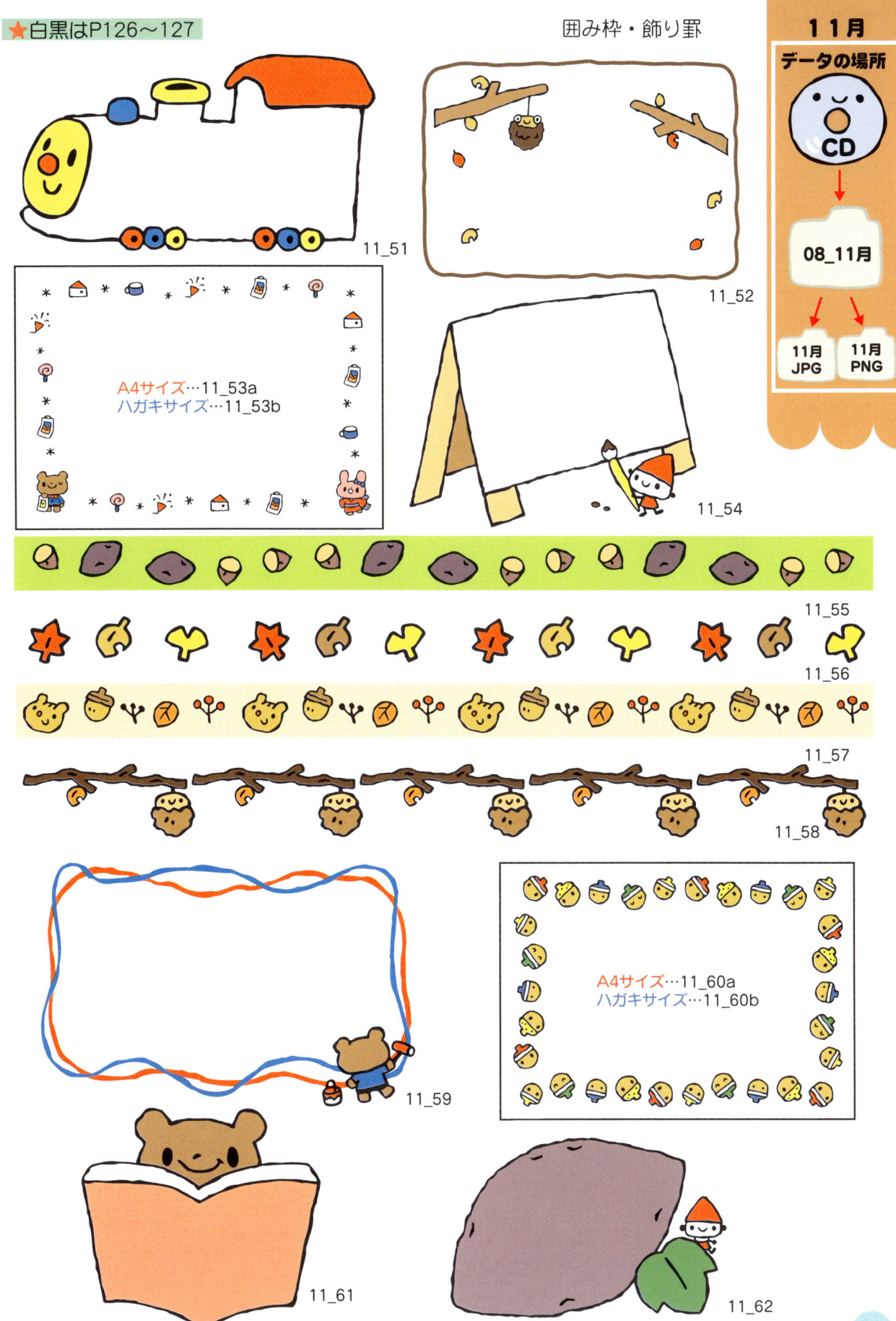

★白黒はP126〜127

囲み枠・飾り罫

11月

データの場所

CD

↓

08_11月

↓　　↓

11月JPG　11月PNG

11_51

11_52

A4サイズ…11_53a
ハガキサイズ…11_53b

11_54

11_55

11_56

11_57

11_58

11_59

A4サイズ…11_60a
ハガキサイズ…11_60b

11_61

11_62

47

１２月

データの場所
CD → 09_12月 → 12月JPG / 12月PNG

タイトル／１２月のイメージ／冬至

★白黒はP128

12月の園だより
文字あり…12_01a
文字なし…12_01b
文字のみ…12_01c

クリスマス会
文字あり…12_02a
文字なし…12_02b
文字のみ…12_02c

12_03
12_04
12_05
12_06
12_07
12_08
12_09
12_10

12月生まれのおともだち
文字あり…12_11a
文字なし…12_11b

12_12
12_13
12_14
12_15
12_16
12_17
12_18
12_19
12_20
12_21
12_22
12_23
12_24
12_25

48

★白黒はP129　　　　　　　　　　　クリスマス／大掃除

１２月

データの場所
CD
↓
09_12月
↓　↓
12月JPG　12月PNG

12_26
12_27
12_28
12_29
12_30
12_31
12_32
12_33
12_34
12_35
12_36
12_37
12_38
12_39
12_40
12_41
12_42
12_43
12_44
12_45
12_46
12_47
12_48
12_49
12_50
12_51
12_52
12_53

49

12月

もちつき／除夜の鐘／年越し／囲み枠・飾り罫

★白黒はP130〜131

データの場所
CD → 09_12月 → 12月JPG / 12月PNG

12_54
12_55
12_56
12_57
12_58
12_59
12_60
12_61
12_62
12_63
12_64

よいおとしを
12_65

12_66
12_67
12_68
12_69
12_70

A4サイズ…12_72a
ハガキサイズ…12_72b

12_71

★白黒はP130〜133

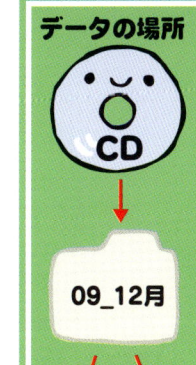

囲み枠・飾り罫

１２月

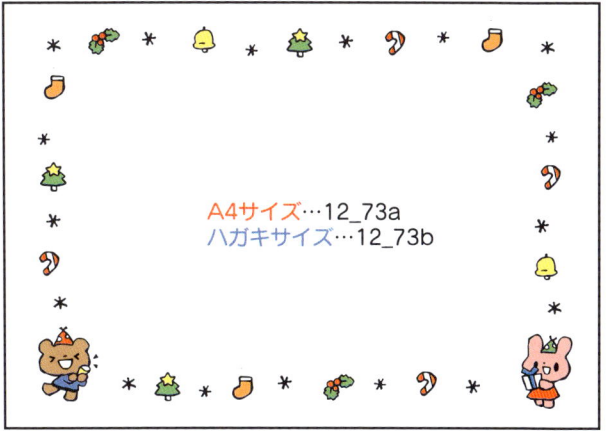

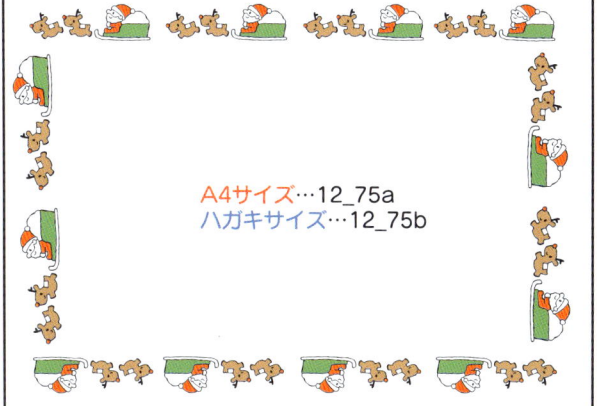

データの場所

CD → 09_12月 → 12月JPG / 12月PNG

A4サイズ…12_73a
ハガキサイズ…12_73b

12_74

A4サイズ…12_75a
ハガキサイズ…12_75b

12_76

12_77

12_78

A4サイズ…12_79a
ハガキサイズ…12_79b

A4サイズ…12_80a
ハガキサイズ…12_80b

51

1月

タイトル／1月のイメージ／冬の遊び

★白黒はP134

データの場所
CD
↓
10_01月
↓ ↓
1月JPG　1月PNG

1_01

文字あり…1_02a
文字なし…1_02b
文字のみ…1_02c

1_03

1_04

1_05

1_06

1_07

1_08

1_09

文字あり…1_10a
文字なし…1_10b

1_11

1_12

1_13

1_14

1_15

1_16

1_17

1_18

1_19

1_20

1_21

1_22

52

★白黒はP135　　　　　　　　　　　　　　　　　　　お正月

1月

データの場所

CD → 10_1月 → 1月JPG / 1月PNG

1_23
1_24
1_25
1_26
1_27
1_28
1_29
1_30
1_31
1_32
1_33
1_34
1_35
1_36
1_37
1_38
1_39
1_40 あけましておめでとう〜
1_41
1_42
1_43
1_44

53

1月

データの場所
CD → 10_01月 → 1月JPG / 1月PNG

十二支／囲み枠・飾り罫

★ 白黒はP136～138

★ 十二支／全身

1_45　1_46　1_47　1_48　1_49　1_50
1_51　1_52　1_53　1_54　1_55　1_56
十二支全身セット 1_57

★ 十二支／顔

1_58　1_59　1_60　1_61　1_62　1_63
1_64　1_65　1_66　1_67　1_68　1_69
十二支顔セット 1_70

1_71
1_72
1_73
1_74
1_75

A4サイズ…1_76a
ハガキサイズ…1_76b

1_77

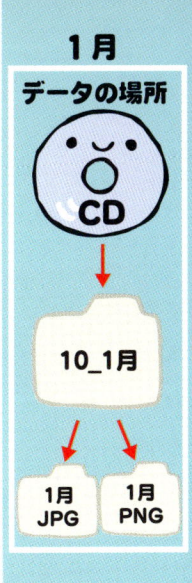

★白黒はP137〜140　　　　　　　　年賀状／囲み枠　　　1月

データの場所

CD → 10_1月 → 1月JPG / 1月PNG

あけまして
おめでとう
ございます

ハガキサイズ文字あり…1_78a
ハガキサイズ文字無し…1_78b
文字のみ…1_78c

ハガキサイズ文字あり…1_79a
ハガキサイズ文字無し…1_79b
文字のみ…1_79c

ことしもよろしく
おねがいします

ハガキサイズ…1_80

1_81

1_82

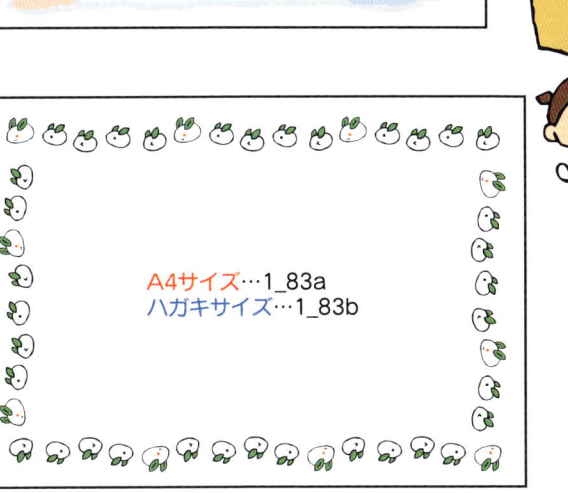

A4サイズ…1_83a
ハガキサイズ…1_83b

1_84

1_85

A HAPPY NEW YEAR

ハガキサイズ文字あり…1_86a
ハガキサイズ文字無し…1_86b

55

2月

タイトル／2月のイメージ／風邪に注意／火の用心

★白黒はP141

データの場所
CD → 11_02月 → 2月JPG／2月PNG

2月の園だより
文字あり…2_01a
文字なし…2_01b
文字のみ…2_01c

まめまき
文字あり…2_02a
文字なし…2_02b
文字のみ…2_02c

2_03

プログラム
文字あり…2_04a
文字なし…2_04b
文字のみ…2_04c

2_05　2_06　2_07

2月　2_08
おゆうぎ会　2_09
音楽会　2_10

2月生まれのおともだち
文字あり…2_11a
文字なし…2_11b

2_12　2_13

火の用心
文字あり…2_14a
文字なし…2_14b

2_15　2_16　2_17　2_18　2_19　2_20

2_21　2_22　2_23　2_24　2_25　2_26　2_27

56

★白黒はP142　　節分／バレンタインデー／おゆうぎ会／音楽会

2月
データの場所
CD
↓
11_2月
↓　↓
2月JPG　2月PNG

おにはそとー

2_28　2_29　2_30　2_31
2_32　2_33　2_34
2_35　2_36　2_37　2_38
2_39　2_40
2_41　2_42　2_43
2_44　2_45　2_46
2_47　2_48　2_49　2_50　2_51

57

2月 囲み枠・飾り罫

★白黒はP143〜145

データの場所
CD
↓
11_02月
↓
2月 JPG / 2月 PNG

A4サイズ…2_52a
ハガキサイズ…2_52b

A4サイズ…2_53a
ハガキサイズ…2_53b

A4サイズ…2_54a
ハガキサイズ…2_54b

2_55

2_56

A4サイズ…2_57a
ハガキサイズ…2_57b

2_58

2_59

2_60

2_61

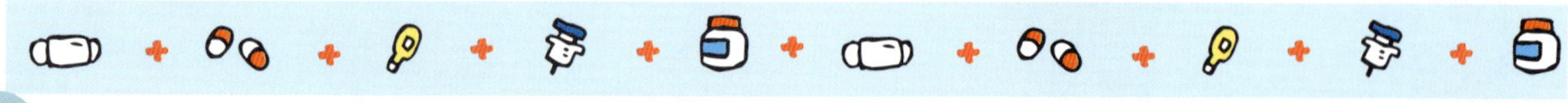

2_62

58

★白黒はP146　　　　　　　　　　　　　タイトル／3月のイメージ

3月
データの場所 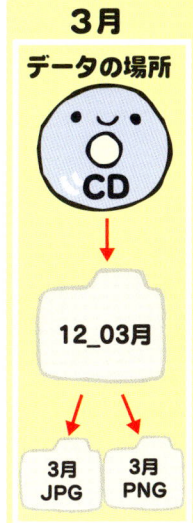
CD
↓
12_03月
↓　　↓
3月JPG　3月PNG

そつえんおめでとう
- 文字あり…3_01a
- 文字なし…3_01b
- 文字のみ…3_01c

3月の園だより
- 文字あり…3_02a
- 文字なし…3_02b
- 文字のみ…3_02c

ひなまつり
- 文字あり…3_03a
- 文字なし…3_03b
- 文字のみ…3_03c

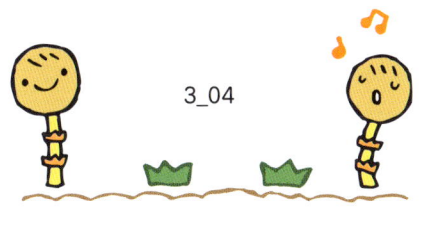

3_04

3_05

3_06

3_07

3月生まれのおともだち
- 文字あり…3_08a
- 文字なし…3_08b

3_09

卒園式
3_10

おわかれ会
3_11

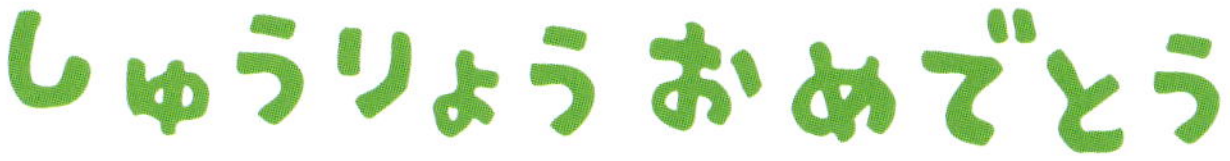

しゅうりょうおめでとう
3_12

3_13

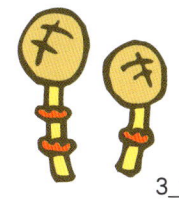

3_14

3_15

3_16

3_17

3_18

3_19

3_20

3_21

3_22

3_23

3_24

3_25

3_26

3月

ひなまつり／卒園

★白黒はP147

データの場所
CD → 12_03月 → 3月JPG / 3月PNG

3_27　3_28　3_34　3_29　3_30　3_31　3_35　3_32　3_33　3_36　10人セット／3_37

3_38　3_39　3_40　3_41　3_42

3_43　おめでとう　文字あり…3_44a　文字なし…3_44b　3_45

3_46　3_47　3_48　3_49　3_50

ずっと ともだち

3_51　文字あり…3_52a　文字なし…3_52b　3_53　3_54

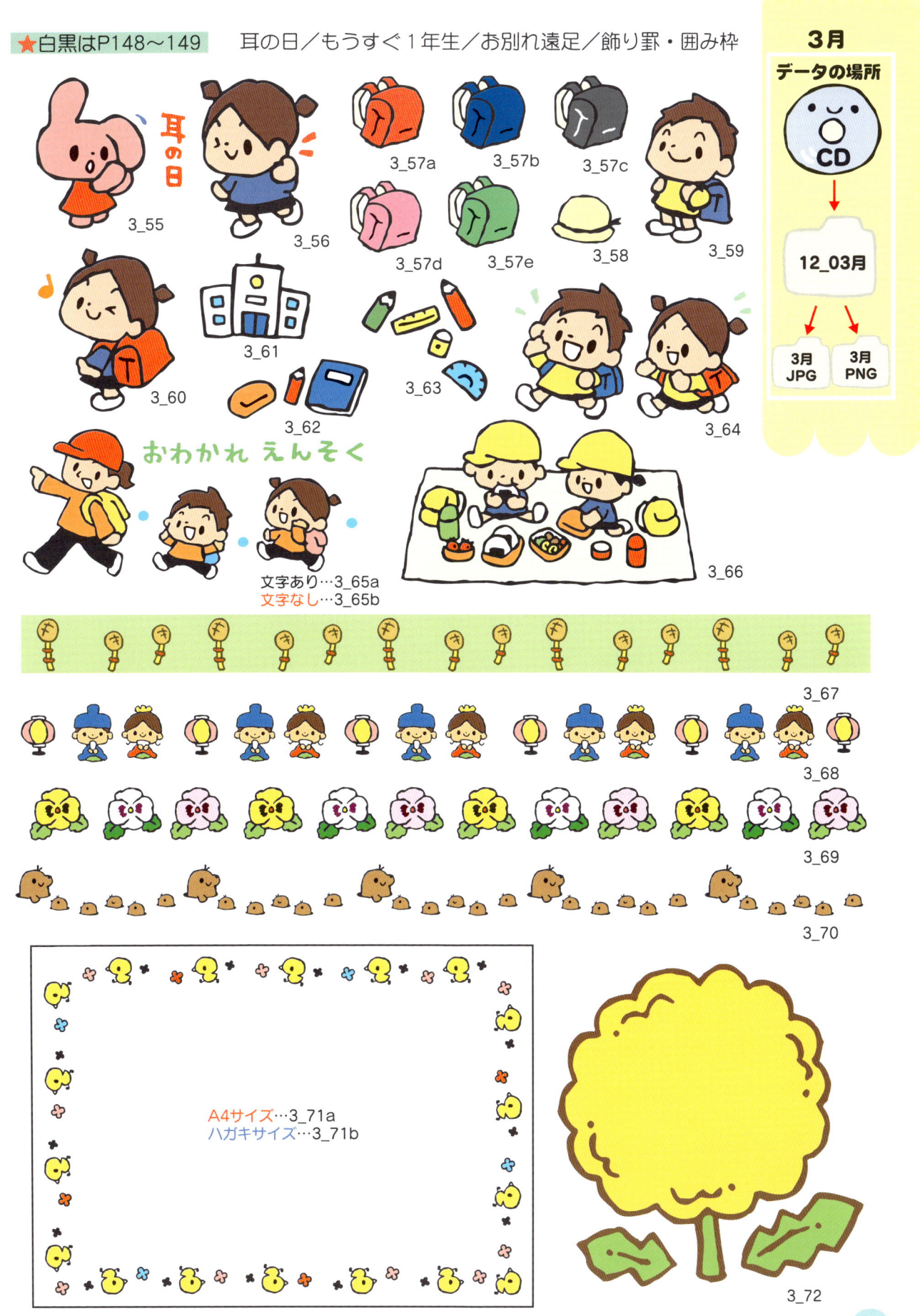

★白黒はP148〜149　耳の日／もうすぐ１年生／お別れ遠足／飾り罫・囲み枠

3月

データの場所
CD
↓
12_03月
↓　↓
3月JPG　3月PNG

耳の日

3_55
3_56
3_57a
3_57b
3_57c
3_57d
3_57e
3_58
3_59
3_60
3_61
3_62
3_63
3_64

おわかれ えんそく

文字あり…3_65a
文字なし…3_65b

3_66
3_67
3_68
3_69
3_70

A4サイズ…3_71a
ハガキサイズ…3_71b

3_72

61

3月

囲み枠・飾り罫

★白黒はP148〜150

データの場所

CD → 12_03月 → 3月JPG / 3月PNG

A4サイズ…3_74a
ハガキサイズ…3_74b

3_73

3_75

おめでとう おめでとう おめでとう おめでとう おめでとう

3_76

3_77

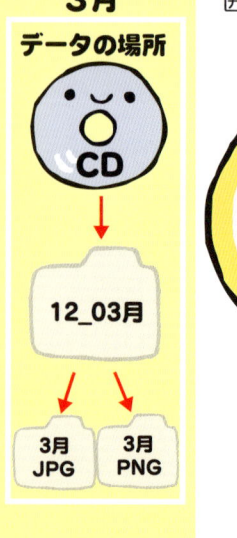

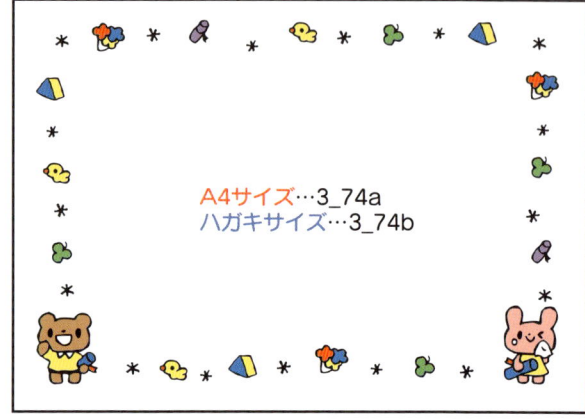

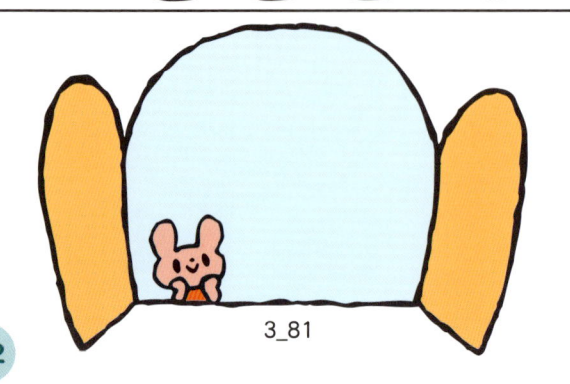

3_78

A4サイズ…3_79a
ハガキサイズ…3_79b

3_79

3_80

3_81

3_82

62

★白黒はP151　　　　　　　　　何にでも使えるカット・飾り罫

フリー

データの場所
CD → 13フリー → フリーJPG / フリーJPG

free_01
free_02
free_03
free_04
free_05
free_06
free_07
free_08
free_09
free_10
free_11
free_12
free_13
free_14
free_15
free_16
free_17
free_18
free_19
free_20
free_21
free_22
free_23
free_24
free_25
free_26
free_27
free_28
free_29

文字

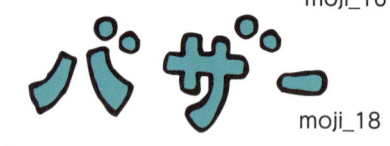

タイトル文字・文字 ★白黒はP152

データの場所
CD → 14文字 → 文字JPG / 文字PNG

- おしらせ　moji_01
- おねがい　moji_02
- なまえ　moji_03
- お願い　moji_04
- おしらせ　moji_05
- 行事予定　moji_06
- おしらせ　moji_07
- ほけんだより　moji_08
- えんだより　moji_09
- クラスだより　moji_10
- 学級だより　moji_11
- クラス　moji_12
- くみ　moji_13
- ぐみ　moji_14
- 今月のこんだて　moji_15
- PTA　moji_16
- 今月の予定　moji_17
- バザー　moji_18
- 今月のうた　moji_19
- ボランティア　moji_20
- 保護者会　moji_21
- 1歳児　moji_22
- 2歳児　moji_23
- 3歳児　moji_24
- 4歳児　moji_25
- 5歳児　moji_26

園の生活のカット

カラー

遊び　　　屋外の遊び　　　　　　　　　　　　　　　　　　　　　　　　★白黒はP154

データの場所
CD → 15遊び → 遊びJPG / 遊びPNG

asobi_01
asobi_02
asobi_03
asobi_04
asobi_05
asobi_06
asobi_07
asobi_08
asobi_09
asobi_10
asobi_11
asobi_12
asobi_13
asobi_14
asobi_15
asobi_16
asobi_17
asobi_18
asobi_19
asobi_20
asobi_21
asobi_22
asobi_23
asobi_

66

★白黒はP155　　　　　　　　　　　　　　　　室内の遊び／伝承遊び

遊び
データの場所
CD
↓
15遊び
↓　　↓
遊びJPG　遊びPNG

asobi_25
asobi_26
asobi_27
asobi_28
asobi_29
asobi_30
asobi_31
asobi_32
asobi_33
asobi_34
asobi_35
asobi_36
asobi_37
asobi_38
asobi_39
asobi_40
asobi_41
asobi_42
asobi_43
asobi_44
asobi_45
asobi_46
asobi_47
asobi_48
asobi_49

67

生活

データの場所
CD → 16生活 → 生活JPG / 生活PNG

読み聞かせ／学習／運動／元気にお返事／制作／おとうばん　　★白黒はP156

- sei_01
- sei_02
- sei_03
- sei_04
- sei_05
- sei_06
- sei_07
- sei_08
- sei_09
- sei_10
- sei_11
- sei_12
- sei_13
- sei_14
- sei_15
- sei16
- sei_17
- sei_18
- sei_19

おとうばん
文字あり…sei_20a
文字なし…sei_20b

みずやりとうばん
文字あり…sei_21a
文字なし…sei_21b

- sei_22
- sei_23

★白黒はP157　　音楽／おゆうぎ／お昼寝／生き物

生活

データの場所
CD → 16生活 → 生活JPG／生活PNG

sei_24
sei_25
sei_26
sei_27
sei_28
sei_29
sei_30
sei_31
sei_32
sei_33
sei_34
sei_35
sei_36
sei_37
sei_38
sei_39
sei_40
sei_41
6匹セット／sei_42
sei_43
sei_44
sei_45
sei_46
sei_47
sei_48
sei_49
sei_50
sei_51
sei_52
sei_53
おひるね
sei_54
sei_55
sei_56

69

食

お弁当／食育／給食

★白黒はP158

4匹セット／shoku_01

データの場所
CD → 17食 → 食JPG / 食JPG

- shoku_02
- shoku_03
- shoku_04
- shoku_05
- shoku_06
- shoku_07
- shoku_08
- shoku_09
- shoku_10
- shoku_11

バランスよくたべよう

文字あり…shoku_12a
文字なし…shoku_12b

いただきます！
文字あり…shoku_13a
文字なし…shoku_13b

ごちそうさまでした
文字あり…shoku_14a
文字なし…shoku_14b

- shoku_15
- shoku_16
- shoku_17

なんでもたべよう！
文字あり…shoku_18a
文字なし…shoku_18b

- shoku_19
- shoku_20
- shoku_21
- shoku_22
- shoku_23
- shoku_24
- shoku_25
- shoku_26
- shoku_27
- shoku_28
- shoku_29
- shoku_30

70

★白黒はP159　　　　　　　　　　おやつ／お菓子／お料理

ジュースのなかには
さとうが いっぱい！

文字あり…shoku_31a
文字なし…shoku_31b

shoku_32

食
データの場所
CD
↓
17食
↓　↓
食JPG　食PNG

shoku_33　　shoku_34

shoku_35

shoku_36　shoku_37　shoku_38　shoku_39

shoku_40

shoku_41　shoku_42　shoku_43　shoku_44

shoku_45　shoku_46　shoku_47

shoku_48　shoku_49　shoku_50　shoku_51

保健

健康診断／身体測定／予防接種／各種検診／体調／清潔にしよう

★白黒はP160

データの場所
CD → 18保健 → 保健JPG / 保健PNG

健康診断

文字あり…ho_01a
文字なし…ho_01b
文字のみ…ho_01c

身体測定

- ho_02
- ho_03
- ho_04
- 文字あり…ho_05a
- 文字なし…ho_05b

予防接種

- ho_06
- ho_07
- ho_08
- ho_09
- ho_10
- ho_11
- ho_12
- ho_13
- ho_14
- ho_15
- ho_16
- ho_17
- ho_18
- ho_19
- ho_20
- ho_21
- ho_22
- ho_23 ガラガラ
- ho_24
- ho_25
- ho_26
- ho_27
- ho_28
- ho_29 ブクブク
- ねるまえに歯をみがこう！
- 文字あり…ho_30a
- 文字なし…ho_30b

72

★白黒はP161　　　　　　　　トイレ／衛生・身だしなみ／暑い日の指導

保健
データの場所
CD → 18保健 → 保健JPG / 保健PNG

ho_31　　ho_32　　ho_33　　ho_34

ho_37

ho_35　　ho_36　　ho_38

つめは みじかく きりましょう
文字あり…ho_40a
文字なし…ho_40b

ho_39

ハンカチとちりがみを もちましょう
文字あり…ho_41a
文字なし…ho_41b

ぼうしを かぶろう！
文字あり…ho_42a
文字なし…ho_42b

熱中症に注意
文字あり…ho_43a
文字なし…ho_43b

★白黒はP161　　　　　　　　生活の約束・指導

約束
データの場所
CD → 19約束 → 約束JPG / 約束PNG

挨拶しよう　yaku_01
元気に挨拶　yaku_02
なかよく遊ぼう　yaku_03

協力しよう　yaku_04
お片付け　yaku_05
ゴミはゴミ箱に　yaku_06

靴をそろえよう　yaku_07
服を畳もう　yaku_08
なまえをかきましょう！
文字あり…yaku_09a
文字なし…yaku_09b

73

約束

データの場所
CD → 19約束 → 約束JPG / 約束PNG

生活の約束・指導

★ポスターにも使える大きめサイズのデータです

★白黒はP162〜163

じゅんばんをまもりましょう。
文字あり…yaku_10a
文字なし…yaku_10b

しずかにしましょう。
文字あり…yaku_11a
文字なし…yaku_11b

文字あり…yaku_12a
文字なし…yaku_12b

プールサイドをはしらない！

ろうかをはしらない！
文字あり…yaku_13a
文字なし…yaku_13b

きけんなばしょであそばない！
文字あり…yaku_14a
文字なし…yaku_14b

カサをふりまわすとあぶないよ！
文字あり…yaku_15a
文字なし…yaku_15b

安全

データの場所
CD → 20安全 → 安全JPG / 安全PNG

身のまわりの危険／防犯（いかのおすし）

★白黒はP163

誤食 an_01

窒息 an_02

落下 an_03

感電 an_04

溺れる an_05

やけど an_06

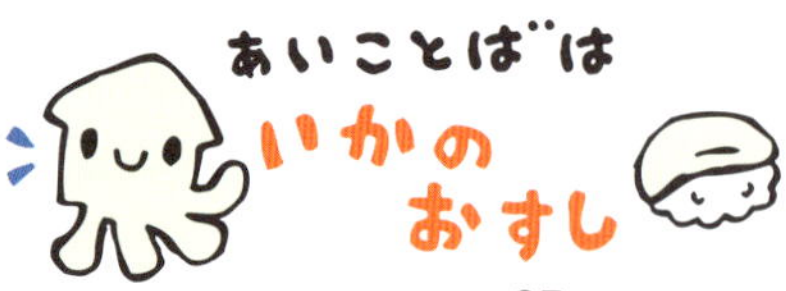

あいことばは いかのおすし
an_07

しらないひとについていかない
文字あり…an_08a
文字なし…an_08b

しらないくるまにのらない
文字あり…an_09a
文字なし…an_09b

おおきなこえで「たすけて〜！」とさけぶ
文字あり…an_10a
文字なし…an_10b

おとなのいるところへすぐにげる
文字あり…an_11a
文字なし…an_11b

どんなひとがなにをしたのかしらせる
文字あり…an_12a
文字なし…an_12b

★白黒はP164　先生／お礼・謝罪など／面接・面談／家庭訪問／保護者・家庭

先生・保護者

データの場所
CD
↓
21先生
保護者
↓　　↓
先生　先生
保護者　保護者
JPG　PNG

sen_01

sen_02

sen_03

sen_04

よろしく
おねがいします。
文字あり…sen_05a
文字なし…sen_05b

ありがとう
ございました。
文字あり…sen_06a
文字なし…sen_06 b

もうしわけ
ございません。
文字あり…sen_07a
文字なし…sen_07b

ごきょうりょくを
おねがいします。
文字あり…sen_08a
文字なし…sen_08b

ご注意下さい！
文字あり…sen_09a
文字なし…sen_09b

入園児面接
文字あり…sen_10a
文字なし…sen_10b

個人面談
文字あり…sen_11a
文字なし…sen_11b

家庭訪問に
うかがいます。
文字あり…sen_12a
文字なし…sen_12b

sen_13

sen_14

sen_15

sen_16

sen_17

sen_18

sen_19

sen_20

sen_21

75

赤ちゃん

赤ちゃんの生活／飾り罫

★白黒はP165

データの場所

CD → 22赤ちゃん → 赤ちゃんJPG／赤ちゃんPNG

aka_01 aka_02 aka_03 aka_04
aka_05 aka_06 aka_07 aka_08
aka_09 aka_10 aka_11 aka_12 aka_17
aka_13 aka_14 aka_15 aka_16 aka_21
aka_18 aka_19 aka_20
aka_22 aka_23 aka_24 aka_25
aka_26
aka_27

★白黒はP166　　　お誕生会／プレゼント・ケーキ／文字・囲み枠

誕生日

データの場所
CD
↓
23誕生日
↓　　↓
誕生日JPG　誕生日PNG

tan_01
tan_02
tan_03
tan_04
tan_05
tan_06
tan_07
tan_08
tan_09
tan_10
tan_11
tan_12
tan_13
tan_14
tan_15

文字あり…tan_16a
文字なし…tan_16b
文字のみ…tan_16c

文字あり…tan_17a
文字なし…tan_17b
文字のみ…tan_17c

文字あり…tan_18a
文字なし…tan_18b
文字のみ…tan_18c

文字あり…tan_19a
文字なし…tan_19b

77

賞状

データの場所
CD → 24賞状 → 賞状JPG / 賞状PNG

メダル／賞状

★白黒はP167～170

- sho_01
- sho_02 
- sho_03  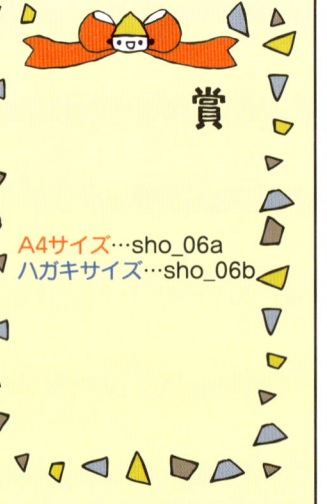 
- sho_04 
- sho_05 
- A4サイズ…sho_06a / ハガキサイズ…sho_06b
- A4サイズ…sho_07a / ハガキサイズ…sho_07b
- A4サイズ…sho_08a / ハガキサイズ…sho_08b
- A4サイズ…sho_09a / ハガキサイズ…sho_09b
- A4サイズ…sho_10a / ハガキサイズ…sho_10b
- A4サイズ…sho_11a / ハガキサイズ…sho_11b

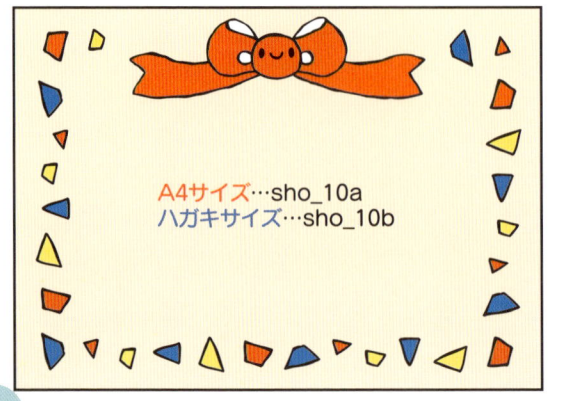

★ 白黒はP167～173　　　　　　　　　　メダル／賞状／表紙絵

賞状
データの場所
CD → 24賞状 → 賞状JPG／賞状PNG

sho_12 
sho_16 
sho_17 
sho_13
A4サイズ…sho_18a
ハガキサイズ…sho_18b 
sho_14 
sho_15 
A4サイズ…sho_19a
ハガキサイズ…sho_19b
A4サイズ…sho_20a
ハガキサイズ…sho_20b
A4サイズ…sho_21a
ハガキサイズ…sho_21b
A4サイズ…sho_22a
ハガキサイズ…sho_22b

ごっこ遊び　おみせやさんごっこ／おみせマーク／お金　★白黒はP174〜177

データの場所
CD → 25ごっこ遊び → ごっこ遊びJPG／ごっこ遊びPNG

- go_01
- go_02 さかなや
- go_03 やおや
- go_04 ほんや
- go_05 おもちゃや
- go_06 パンや
- go_07 にくや
- go_08 ケーキや
- go_09 はなや
- go_10 どんぐりぎんこう 1000
- go_11 1
- go_12 5
- go_13 10
- go_14 50
- go_15 100
- go_16 500
- go_17 どんぐりぎんこう 2000
- go_18 どんぐりぎんこう 5000
- go_19 どんぐりぎんこう 10000
- go_20 1000 千円 どんぐりぎんこう
- go_21 1
- go_22 5
- go_23 10
- go_24 50
- go_25 100
- go_26 500
- go_27 2000 弐千円 どんぐりぎんこう
- go_28 5000 五千円 どんぐりぎんこう
- go_29 10000 壱万円 どんぐりぎんこう
- go_30
- ★好きな絵を描いてオリジナルのお金を作ることが出来ます
- go_31
- go_32
- go_33
- go_34

★白黒はP177〜179

お弁当マーク

ごっこ遊び
データの場所
CD
↓
25ごっこ遊び
↓　↓
ごっこ遊びJPG　ごっこ遊びPNG

いっぱいつめてね！ぼくの・わたしのおべんとう

プリントして切り取り、好きなおかずを詰めて自分だけのお弁当を作ることが出来ます。主食・主菜・副菜のバランスを指導する等、食育にもぜひ活用して下さい。

お弁当箱　go_35

フォーク　go_36 
スプーン　go_39
ケチャップ　go_40
マヨネーズ　go_41

おはし　go_37
シャケ　go_38 

クマちゃんおむすび　go_42
ウサちゃんおむすび　go_43 
エビフライ　go_44  
ピーマンの肉詰め　go_45
アスパラベーコン巻き　go_46
型抜きハム　go_52

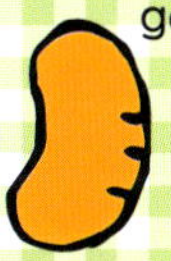

味付きおむすび　go_47
三角おむすび　go_48  
たこさんウインナー　go_49
ウインナー　go_50
肉団子　go_51
型抜きかまぼこ　go_58

ハムサンド　go_53
タマゴサンド　go_54  
卵焼き　go_55
ゆでたまご　go_56
ウズラの卵　go_57
レタス　go_64

ちくわキュウリ　go_63
しいたけ　go_62 

煮豆　go_59
きんぴらごぼう　go_60 
ミニグラタン　go_61  
レンコン　go_68
ポテト　go_69
ミニトマト　go_70

ウサギリンゴ　go_65
オレンジ　go_66 
イチゴ　go_67 
マメ　go_71 
ブロッコリー　go_72 

81

マーク

データの場所
CD → 26マーク → マークJPG / マークPNG

かお／動物

★白黒はP180～181

くまくん ma_001	うさちゃん ma_002	ぶたくん ma_003	ねこちゃん ma_004	ぞうくん ma_005
キリン先生 ma_006	あおくん ma_007	あかくん ma_008	きいろちゃん ma_009	ペンギン ma_010
先生 ma_011	まことくん ma_012	なおちゃん ma_013	カエル ma_014	コアラ ma_015
パンダ ma_016	ライオン ma_017	ウサギ ma_018	イヌ ma_019	カバ ma_020	ネズミ ma_021
ゾウ ma_022	ウサギ ma_023	ライオン ma_024	ウシ ma_025	ヘビ ma_026
アライグマ ma_027	クマ ma_028	パンダ ma_029	ウマ ma_030	カバ ma_031
シマウマ ma_032	リス ma_033	ブタ ma_034	ワニ ma_035	イヌ ma_036
トラ ma_037	サイ ma_038	カメレオン ma_039	ネコ ma_040	カンガルー ma_041
サル ma_042	キリン ma_043	アルパカ ma_044	シカ ma_045	ユニコーン ma_046

★白黒はP181～182　　　　　　　鳥／海の生き物／虫／お花／フルーツ

小鳥 ma_047	フクロウ ma_048	オウム ma_049	ツバメ ma_050	
ペリカン ma_051	ニワトリ ma_052	ヒヨコ ma_053	アヒル ma_054	ハクチョウ ma_055
クジラ ma_056	イルカ ma_057	ラッコ ma_058	アザラシ ma_059	
クマノミ ma_060	マンボウ ma_061	タコ ma_062	イカ ma_063	カニ ma_064	カメ ma_065
青虫 ma_066	カブトムシ ma_067	クワガタ ma_068	ミツバチ ma_069	チョウ ma_070	カタツムリ ma_071
ダンゴムシ1 ma_072	ダンゴムシ2 ma_073	アリ ma_074	テントウムシ ma_075	トンボ ma_076
バラ ma_077	ユリ ma_078	タンポポ ma_079	チューリップ ma_080	キク ma_081	ツバキ ma_082
スミレ ma_083	マツ ma_084	タケ ma_085	ウメ ma_086	サクラ ma_087	ラン ma_088
リンゴ ma_089	バナナ ma_090	ミカン ma_091	ブドウ ma_092	メロン ma_093	スイカ ma_094
パイナップル ma_095	ナシ ma_096	モモ ma_097	サクランボ ma_098	カキ ma_099	イチゴ ma_100

マーク
データの場所
CD → 26マーク → マークJPG / マークPNG

マーク 野菜／生活／教材

★白黒はP182～184

データの場所
CD → 26マーク → マークJPG／マークPNG

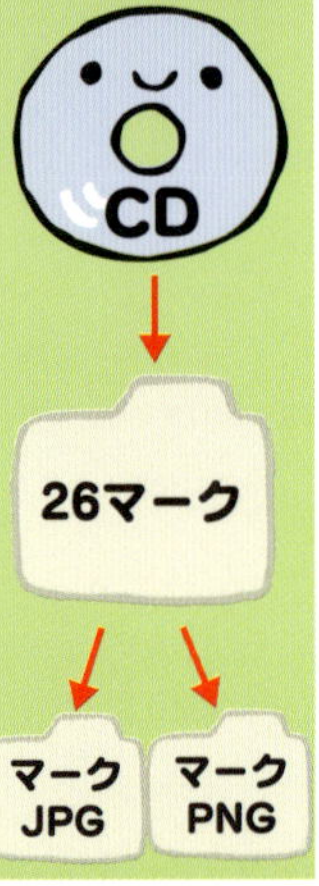

	ニンジン	ma_101
	トウモロコシ	ma_102
	タマネギ	ma_103
	ナス	ma_104
	ピーマン	ma_105
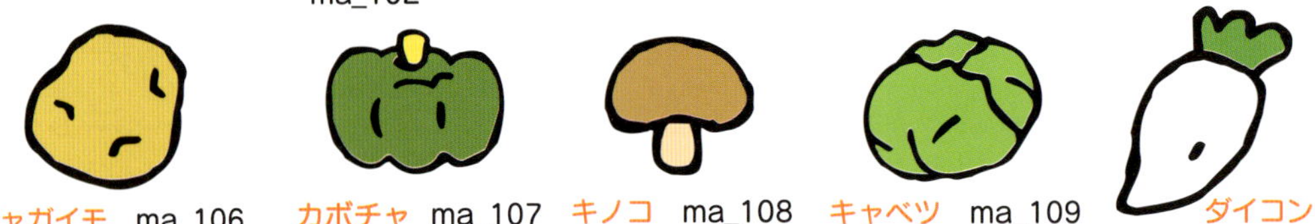	ジャガイモ	ma_106
	カボチャ	ma_107
	キノコ	ma_108
	キャベツ	ma_109
	ダイコン	ma_110
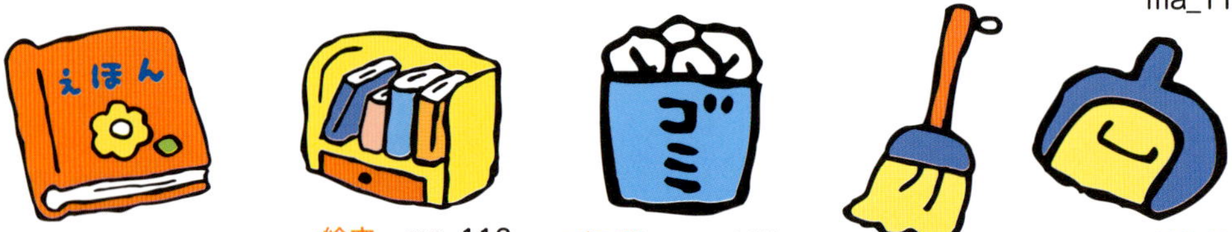	絵本	ma_111
	絵本	ma_112
	ゴミ箱	ma_113
	ホウキ	ma_114
	チリトリ	ma_115
	園児服1	ma_116
	園児服2	ma_117
	園帽子	ma_118
	ベレー帽	ma_119
	麦わら帽子	ma_120
	カラー帽子	ma_121
	うわばき	ma_122
	うわばき後ろ	ma_123
	そとばき1	ma_124
	そとばき2	ma_125
	長靴	ma_126
	園かばん	ma_127
	絵本かばん	ma_128
	巾着袋	ma_129
	うわばき入れ	ma_130
	お弁当箱	ma_131
	タオル	ma_132
	ハサミ	ma_133
	のり	ma_134
	鉛筆	ma_135
	消しゴム	ma_136
	クレヨン	ma_137
	色鉛筆	ma_138
	マーカーペン	ma_139
	絵の具	ma_140
	筆	ma_141
	粘土	ma_142
	粘土版	ma_143
	ホチキス	ma_144
	折り紙	ma_145
	輪ゴム	ma_146
	ビニールテープ	ma_147
	セロハンテープ	ma_148
	画鋲	ma_149
	スケッチブック	ma_150

84

★白黒はP184〜185　　衣類／赤ちゃんグッズ／おままごと／おもちゃ／乗り物

マーク
データの場所
CD → 26マーク → マークJPG / マークPNG

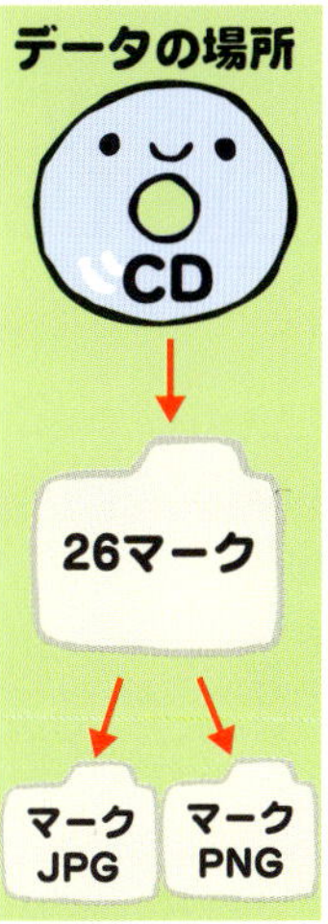

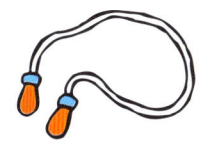

シャツ1　ma_151
シャツ2　ma_152
半ズボン　ma_153
スカート　ma_154
靴下　ma_155
パンツ1　ma_156 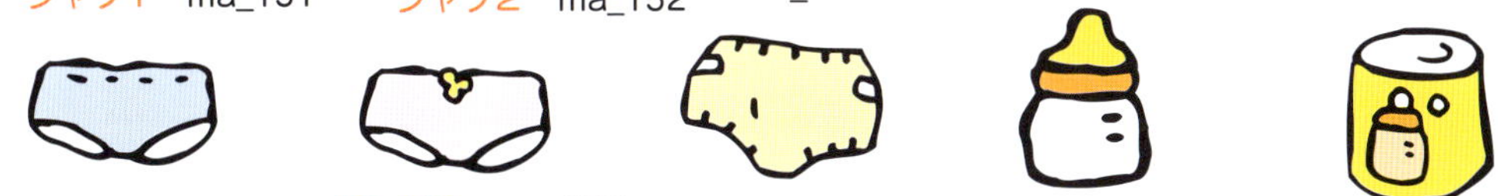
パンツ2　ma_157
おむつ　ma_158
ほ乳瓶　ma_159
ミルク缶　ma_160
フライパン　ma_161 
おなべ　ma_162
おたま　ma_163
フライ返し　ma_164
包丁とまな板　ma_165
やかん　ma_166 
茶碗　ma_167
お椀　ma_168
おはし　ma_169
コップ　ma_170
お皿　ma_171
携帯電話　ma_172
積み木　ma_173 
ブロック　ma_174
ぬいぐるみ　ma_175
型はめ　ma_176
タイヤ　ma_177
三輪車　ma_178
一輪車　ma_179
竹馬　ma_180
ホッピング　ma_181
手押し車　ma_182
なわとび　ma_183
ボール　ma_184
砂場用型　ma_185
シャベル　ma_186
スコップ　ma_187
クマデ　ma_188
ふるい　ma_189
自動車　ma_190 
ダンプカー　ma_191
トラック　ma_192
ミキサー車　ma_193
ブルドーザー　ma_194
飛行機　ma_195
消防車　ma_196
救急車　ma_197
パトカー　ma_198
バス　ma_199
自転車　ma_200

85

フォント

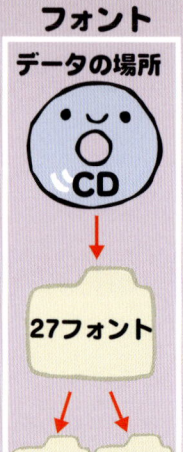

データの場所: CD → 27フォント → フォントJPG / フォントPNG

ひらがな／記号／数字

★白黒はP186〜187

いっぱいつかってね♪ どんぐり。フォント

あ fo_001	い fo_002	う fo_003	え fo_004	お fo_005
か fo_006	き fo_007	く fo_008	け fo_009	こ fo_010
さ fo_011	し fo_012	す fo_013	せ fo_014	そ fo_015
た fo_016	ち fo_017	つ fo_018	て fo_019	と fo_020
な fo_021	に fo_022	ぬ fo_023	ね fo_024	の fo_025
は fo_026	ひ fo_027	ふ fo_028	へ fo_029	ほ fo_030
ま fo_031	み fo_032	む fo_033	め fo_034	も fo_035
や fo_036	ゆ fo_037	よ fo_038		
ら fo_039	り fo_040	る fo_041	れ fo_042	ろ fo_043
わ fo_044	を fo_045	ん fo_046		

が fo_047	ぎ fo_048	ぐ fo_049	げ fo_050	ご fo_051
ざ fo_052	じ fo_053	ず fo_054	ぜ fo_055	ぞ fo_056
だ fo_057	ぢ fo_058	づ fo_059	で fo_060	ど fo_061
ば fo_062	び fo_063	ぶ fo_064	べ fo_065	ぼ fo_066
ぱ fo_067	ぴ fo_068	ぷ fo_069	ぺ fo_070	ぽ fo_071
ぁ fo_072	ぃ fo_073	ぅ fo_074	ぇ fo_075	ぉ fo_076
ゃ fo_077	ゅ fo_078	ょ fo_079		
っ fo_080	、 fo_081	。 fo_082	? fo_083	! fo_084
0 fo_085	1 fo_086	2 fo_087	3 fo_088	4 fo_089
5 fo_090	6 fo_091	7 fo_092	8 fo_093	9 fo_094

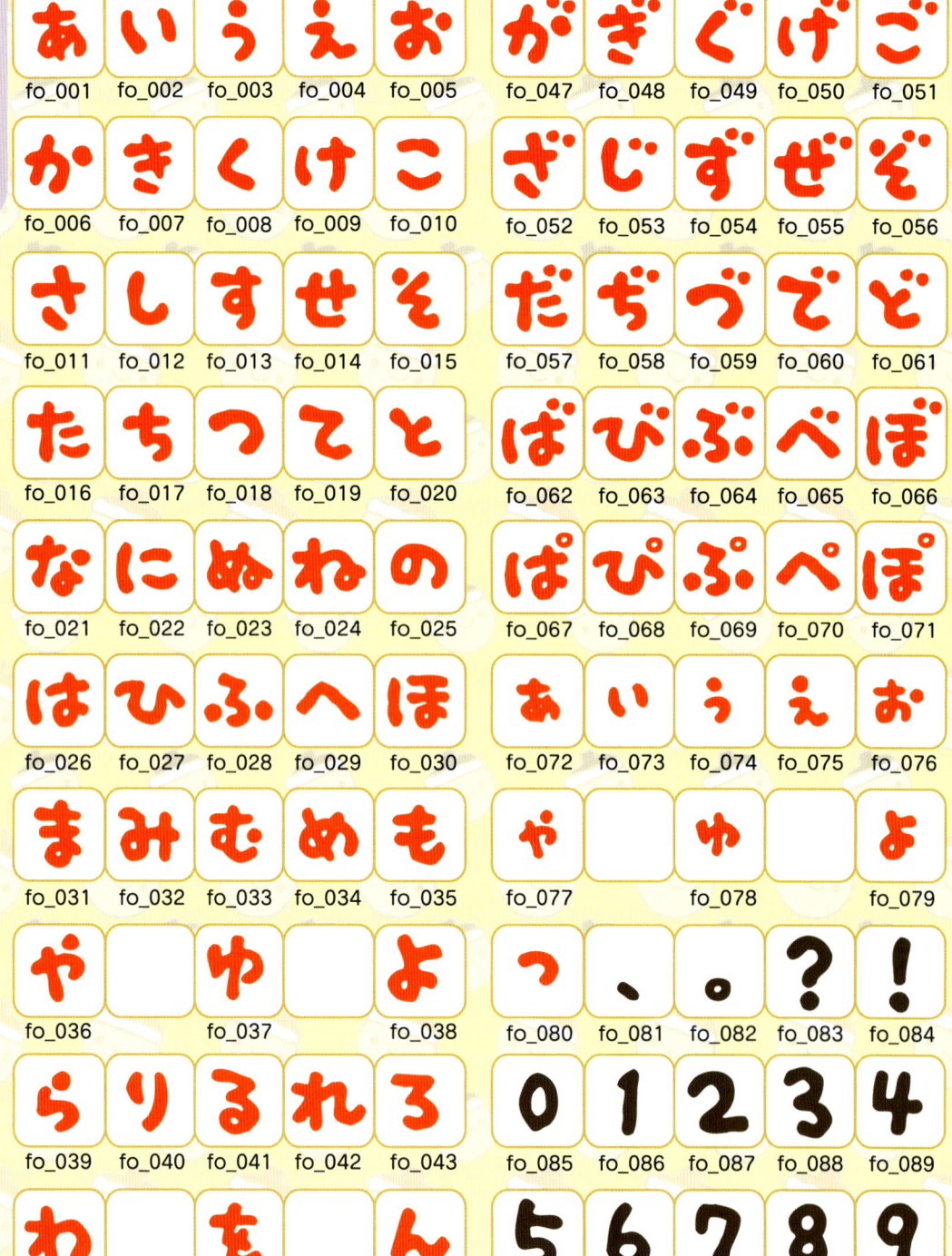

★白黒はP188〜189　　　　　　　　お名前シール用囲み／カタカナ／記号　　　フォント

データの場所

CD
↓
27フォント
↓　　↓
フォント　フォント
JPG　　PNG

fo_095	fo_096
fo_097	fo_098

ア	イ	ウ	エ	オ
fo_099	fo_100	fo_101	fo_102	fo_103
カ	キ	ク	ケ	コ
fo_104	fo_105	fo_106	fo_107	fo_108
サ	シ	ス	セ	ソ
fo_109	fo_110	fo_111	fo_112	fo_113
タ	チ	ツ	テ	ト
fo_114	fo_115	fo_116	fo_117	fo_118
ナ	ニ	ヌ	ネ	ノ
fo_119	fo_120	fo_121	fo_122	fo_123
ハ	ヒ	フ	ヘ	ホ
fo_124	fo_125	fo_126	fo_127	fo_128
マ	ミ	ム	メ	モ
fo_129	fo_130	fo_131	fo_132	fo_133
ヤ		ユ		ヨ
fo_134		fo_135		fo_136
ラ	リ	ル	レ	ロ
fo_137	fo_138	fo_139	fo_140	fo_141
ワ		ヲ		ン
fo_142		fo_143		fo_144

ガ	ギ	グ	ゲ	ゴ
fo_145	fo_146	fo_147	fo_148	fo_149
ザ	ジ	ズ	ゼ	ゾ
fo_150	fo_151	fo_152	fo_153	fo_154
ダ	ヂ	ヅ	デ	ド
fo_155	fo_156	fo_157	fo_158	fo_159
バ	ビ	ブ	ベ	ボ
fo_160	fo_161	fo_162	fo_163	fo_164
パ	ピ	プ	ペ	ポ
fo_165	fo_166	fo_167	fo_168	fo_169
ァ	ィ	ゥ	ェ	ォ
fo_170	fo_171	fo_172	fo_173	fo_174
ャ		ュ		ョ
fo_175		fo_176		fo_177
ッ	＋	－	×	÷
fo_178	fo_179	fo_180	fo_181	fo_182
＝	〜	・	／	，
fo_183	fo_184	fo_185	fo_186	fo_187
「	♥	〈	〉	♪
fo_188	fo_189	fo_190	fo_191	fo_192

似顔絵 かおパーツ

★白黒はP190〜191

データの場所
CD → 28似顔絵 → 似顔絵PNG

にがおえけいかく

背景が透明なPNGデータの特性を活かし、顔にパーツを乗せていくことで簡単に子どもの似顔絵を作ることが出来ます！組み合わせ自在ですので、右の例のようにいろいろ試してそっくりに作ってみて下さい。

顔1 kao_01	 顔2 kao_02	 顔3 kao_03	 顔4 kao_04	 顔5 kao_05
 顔6 kao_06	 顔7 kao_07	 顔8 kao_08	 顔9 kao_09	 顔10 kao_10	 顔11 kao_11
 顔12 kao_12	 顔13 kao_13	顔14 kao_14	 眉1 kao_15	 眉2 kao_16	 眉3 kao_17
 目1 kao_18	 目2 kao_19	 目3 kao_20	 目4 kao_21	目5 kao_22	目6 kao_23
 目8 kao_24	 目9 kao_25	 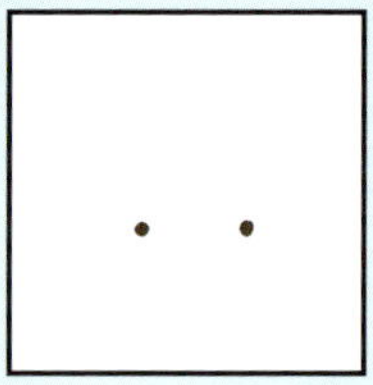 目10 kao_26	 鼻1 kao_27	 鼻2 kao_28	 鼻3 kao_29
 口1 kao_30	 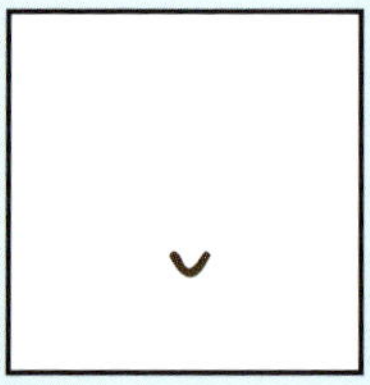 口2 kao_31	 口3 kao_32	 口4 kao_33	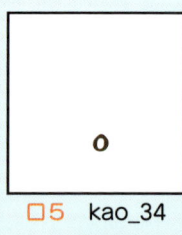 口5 kao_34	 メガネ kao_35

12ヶ月のカット

白黒

4月

タイトル／お花／登園

★カラーはP20

データの場所
CD → 01_04月 → 4月_白黒J / 4月_白黒P

にゅうえん おめでとう
文字あり…4_01a_B
文字なし…4_01b_B
文字のみ…4_01c_B

4_02_B

4月
4_03_B

4月
4_04_B

4月の園だより
文字あり…4_05a_B
文字なし…4_05b_B
文字のみ…4_05c_B

4_06_B

4_07_B

4_09_B

4_10_B

しんきゅうおめでとう
4_08_B

かんげい会
4_11_B

入園式
4_12_B

4月生まれの おともだち
文字あり…4_13a_B
文字なし…4_13b_B

4_14_B

4_15_B

4_16_B

4_17_B

4_18_B

4_19_B

4_20_B

4_21_B

4_22_B

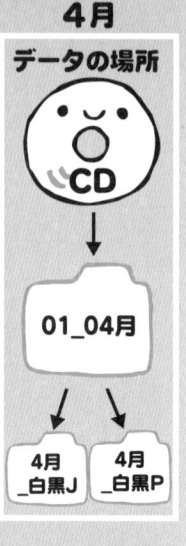

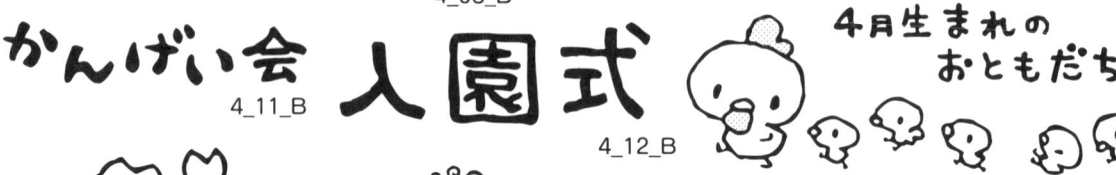

4_23_B

4_24_B

4_25_B

★カラーはP21　　入園／4月のイメージ／イースター／交通安全教室／お弁当

4月

データの場所

CD
↓
01_04月
↓　　↓
4月_白黒J　4月_白黒P

4_26_B
4_27_B
4_28_B
4_29_B
4_30_B
4_31_B
4_32_B
4_33_B
4_34_B
4_35_B
4_36_B
4_37_B
4_38_B
4_39_B
4_40_B
4_41_B
4_42_B
4_43_B
4_44_B
4_45_B
4_46_B
4_47_B
4_48_B
4_49_B
4_50_B

91

4月 新入園児歓迎会／飾り罫・囲み枠

★カラーはP22〜23

データの場所
CD → 01_04月 → 4月_白黒J ／ 4月_白黒P

文字あり…4_51a_B
文字なし…4_51b_B

4_52_B

4_53_B

4_54_B

4_55_B

4_56_B

4_57_B

4_58_B

4_59_B

4_60_B

4_61_B

A4サイズ…4_62a_B
ハガキサイズ…4_62b_B

★カラーはP22～23　　　　　　　　　　　　　囲み枠・飾り罫　　**4月**

データの場所

CD
↓
01_04月
↓　↓
4月_白黒J　4月_白黒P

4_63_B

4_64_B

4_65_B

4_66_B

4_67_B

4_68_B

4_69_B

4_70_B

4_73　　　　　　　　　　　　　　　　　　　　　　　　　4_71_B

93

4月 囲み枠 ★カラーはP23

データの場所
01_04月
4月_白黒J　4月_白黒P

A4サイズ…4_72a_B
ハガキサイズ…4_72b_B

A4サイズ…4_73a_B
ハガキサイズ…4_73b_B

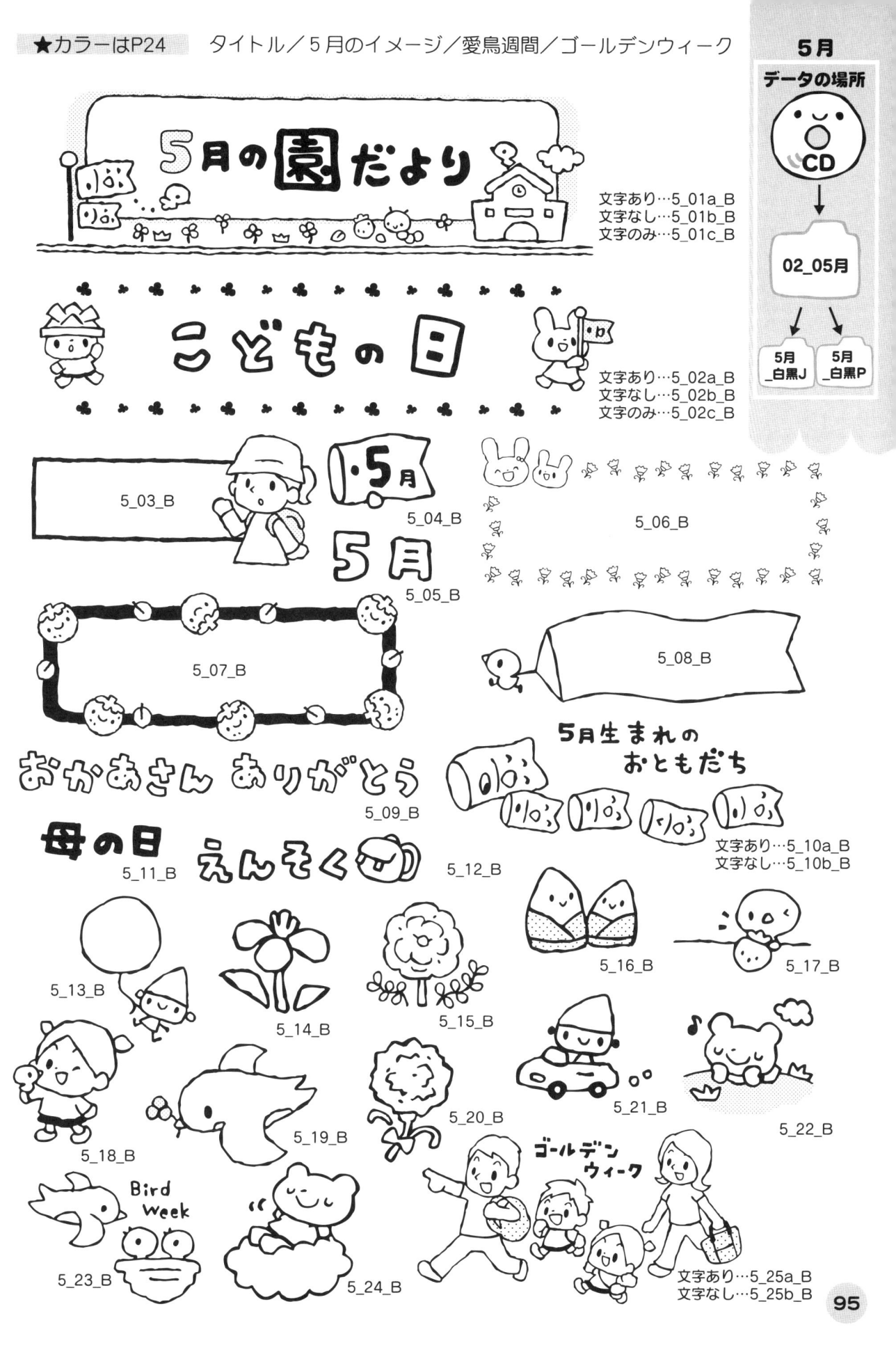

★カラーはP24　　タイトル／5月のイメージ／愛鳥週間／ゴールデンウィーク

5月
データの場所
CD
↓
02_05月
↓　　↓
5月_白黒J　5月_白黒P

5月の園だより
文字あり…5_01a_B
文字なし…5_01b_B
文字のみ…5_01c_B

こどもの日
文字あり…5_02a_B
文字なし…5_02b_B
文字のみ…5_02c_B

5_03_B
5_04_B
5_05_B
5_06_B
5_07_B
5_08_B

おかあさん ありがとう
5_09_B

5月生まれの おともだち
文字あり…5_10a_B
文字なし…5_10b_B

母の日　えんそく
5_11_B　5_12_B

5_13_B
5_14_B
5_15_B
5_16_B
5_17_B
5_18_B
5_19_B
5_20_B
5_21_B
5_22_B

Bird Week
5_23_B
5_24_B

ゴールデンウィーク
文字あり…5_25a_B
文字なし…5_25b_B

95

5月

こどもの日／母の日

★カラーはP25

データの場所
CD → 02_05月 → 5月_白黒J / 5月_白黒P

こどもの日
5_27_B
5_28_B

文字あり…5_26a_B
文字なし…5_26b_B

5_29_B
5_30_B
5_31_B
5_32_B

5_33_B
5_34_B
5_35_B
5_36_B

5_37_B
5_38_B
5_39_B
5_40_B

おかあさん ありがとう
文字あり…5_41a_B
文字なし…5_41b_B

5_42_B
5_43_B

5_44_B
5_45_B
5_46_B

5_47_B

おかあさん だいすき
文字あり…5_48a_B
文字なし…5_48b_B

5_49_B
5_50_B

★カラーはP26〜27　　　　　　　　　　春の遠足／囲み枠・飾り罫

5月

データの場所

CD
↓
02_05月
↓　↓
5月_白黒J　5月_白黒P

4匹セット／5_51_B

5_52_B　5_53_B　5_54_B　5_55_B　5_56_B

5_57_B　5_58_B　5_59_B

5_60_B　5_61_B

5_62_B　5_63_B

5_64_B

5_65_B

5_66_B

5_67_B　5_68_B

97

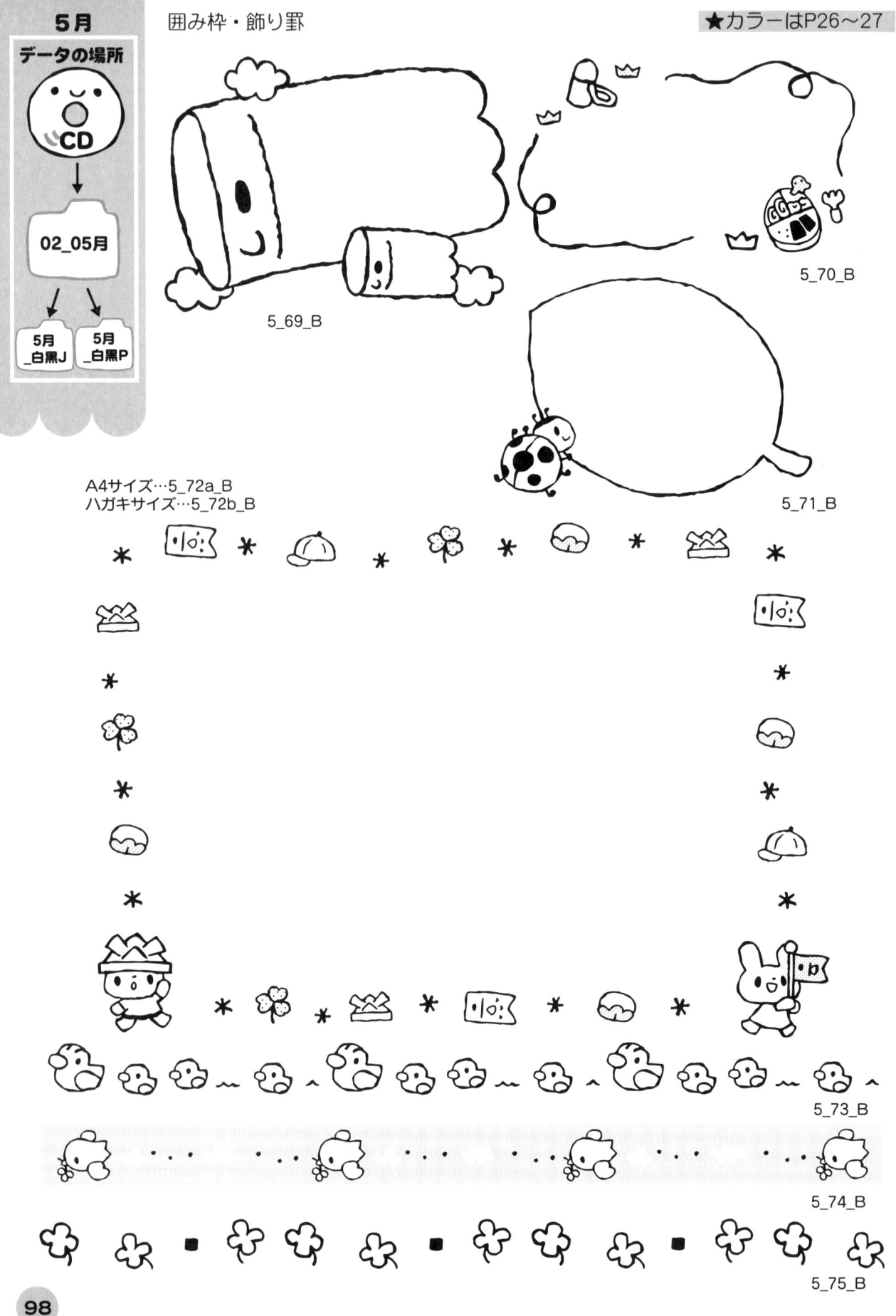

5月 囲み枠・飾り罫 ★カラーはP26〜27

データの場所
CD
↓
02_05月
↓ ↓
5月_白黒J　5月_白黒P

5_69_B

5_70_B

5_71_B

A4サイズ…5_72a_B
ハガキサイズ…5_72b_B

5_73_B

5_74_B

5_75_B

98

★カラーはP27　　　　　　　　　　　　　囲み枠・飾り罫

5月
データの場所
CD
→ 02_05月
→ 5月_白黒J　5月_白黒P

A4サイズ…5_76a_B
ハガキサイズ…5_76b_B

A4サイズ…5_77a_B
ハガキサイズ…5_77b_B

5_78_B

6月 | タイトル／6月のイメージ／梅雨 | ★カラーはP28

データの場所

CD → 03_06月 → 6月_白黒J ／ 6月_白黒P

- 6_01_B
- 6_02a_B（文字あり）／6_02b_B（文字なし）／6_02c_B（文字のみ）
- 6_03_B
- 6_04_B
- 6月生まれのおともだち　文字あり…6_05a_B／文字なし…6_05b_B
- 6_06_B
- おとうさんありがとう　6_07_B
- 父の日　6_08_B
- 梅雨　6_09_B
- 6_10_B
- 6_11_B
- 6月　6_12_B
- 6_13_B
- 6_14_B
- 6_15_B
- 6_16_B
- 6_17_B
- 6_18_B
- 6_19_B
- 6_20_B
- 6_21_B
- 6_22_B
- 6_23_B
- 6_24_B
- 6_25_B
- 6_26_B
- 6_27_B

100

★カラーはP29　　　　　　　　　　　　　虫歯予防デー／時の記念日／父の日

6月

データの場所
CD → 03_06月 → 6月_白黒J / 6月_白黒P

歯をたいせつに

- 6_28_B
- 文字あり…6_29a_B / 文字なし…6_29b_B
- 6_30_B
- 6_31_B
- 6_32_B
- 6_33_B
- 6_34_B
- 6_35_B
- 6_36_B
- 6_37_B
- 6_38
- 6_39_B
- 6_40_B
- 時のきねんび　文字あり…6_41a_B / 文字なし…6_41b_B
- 6_42_B
- 6_43_B
- 6_44_B
- 6_45_B
- 6_46
- おとうさんだいすき
- 文字あり…6_50a_B / 文字なし…6_50b_B
- 文字あり…6_47a_B / 文字なし…6_47b_B
- 6_48_B
- 6_49_B
- おとうさんありがとう
- 6_51_B
- 6_52_B
- 6_53_B

6月

衣替え／シャボン玉／囲み枠・飾り罫

★カラーはP30～31

データの場所
CD → 03_06月 → 6月_白黒J / 6月_白黒P

ころもがえ
文字あり…6_54a_B
文字なし…6_54b_B

6_55_B
6_56_B
6_57_B
6_58_B
6_59_B
6_60_B
6_61_B
6_62_B
6_63_B

A4サイズ…6_64a_B　ハガキサイズ…6_64b_B

★カラーはP30～31　　　　　　　　　　　　　　囲み枠・飾り罫

6月
データの場所
CD
↓
03_06月
↓　　↓
6月_白黒J　6月_白黒P

6_65_B

6_66_B

6_67_B

6_68_B

6_69_B

6_70_B

6_71_B

6_72_B

6_73_B

103

6月

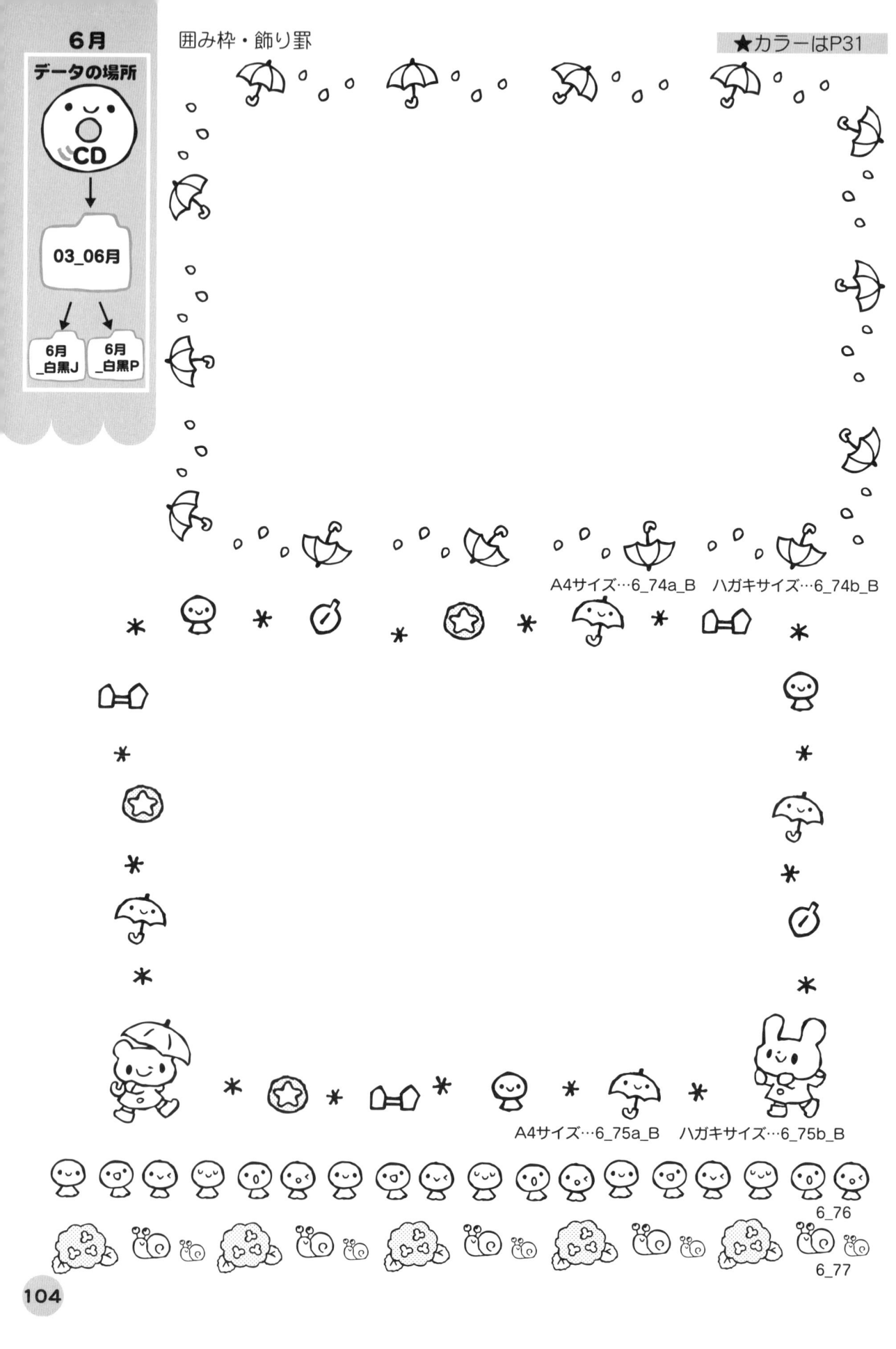

データの場所

03_06月 → 6月_白黒J / 6月_白黒P

囲み枠・飾り罫

★カラーはP31

A4サイズ…6_74a_B　ハガキサイズ…6_74b_B

A4サイズ…6_75a_B　ハガキサイズ…6_75b_B

6_76

6_77

104

★カラーはP32　　　　　　　　　　　　　　　　　　　　　タイトル／プール

7月
データの場所
CD → 04_07月 → 7月_白黒J ／ 7月_白黒P

7月の園だより
文字あり…7_01a_B
文字なし…7_01b_B
文字のみ…7_01c_B

たなばた
文字あり…7_02a_B
文字なし…7_02b_B
文字のみ…7_02c_B

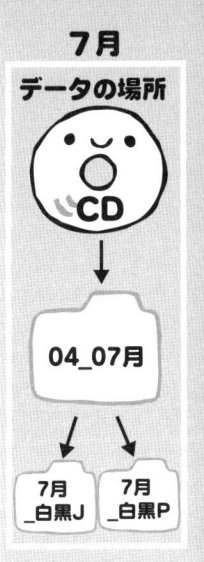

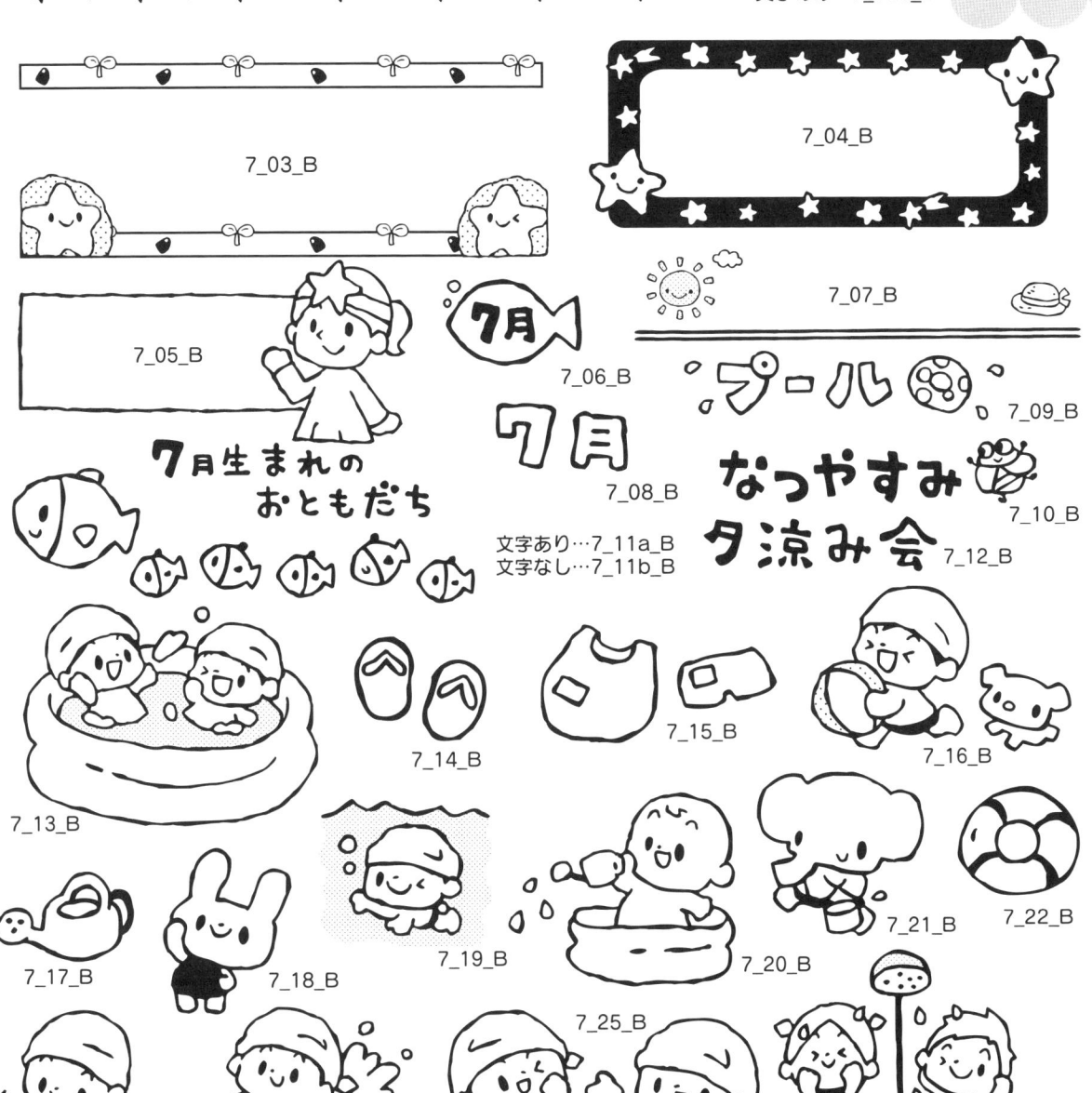

7_03_B

7_04_B

7_05_B

7月生まれの おともだち

7_06_B

7_07_B

プール　7_09_B

7月　7_08_B

なつやすみ　7_10_B

夕涼み会　7_12_B

文字あり…7_11a_B
文字なし…7_11b_B

7_13_B　7_14_B　7_15_B　7_16_B

7_17_B　7_18_B　7_19_B　7_20_B　7_21_B　7_22_B

7_23_B　7_24_B　7_25_B　7_26_B

105

7月

七夕／冷たい食べ物／7月のイメージ

★カラーはP33

データの場所
CD → 04_07月 → 7月_白黒J / 7月_白黒P

7_27_B
7_28_B
7_29_B
7_30_B
7_31_B
7_32_B
7_33_B
7_34_B
7_35_B
7_36_B
7_37_B
7_38_B
7_39_B
7_40_B
7_41_B
7_42_B
7_43_B
7_44_B
7_45_B
7_46_B
7_47_B
7_48_B
7_49_B
7_50_B
7_51_B
7_52_B
7_53_B
7_54_B
7_55_B
7_56_B

★カラーはP34　　　　　　　　　　　囲み枠・飾り罫

7月

データの場所

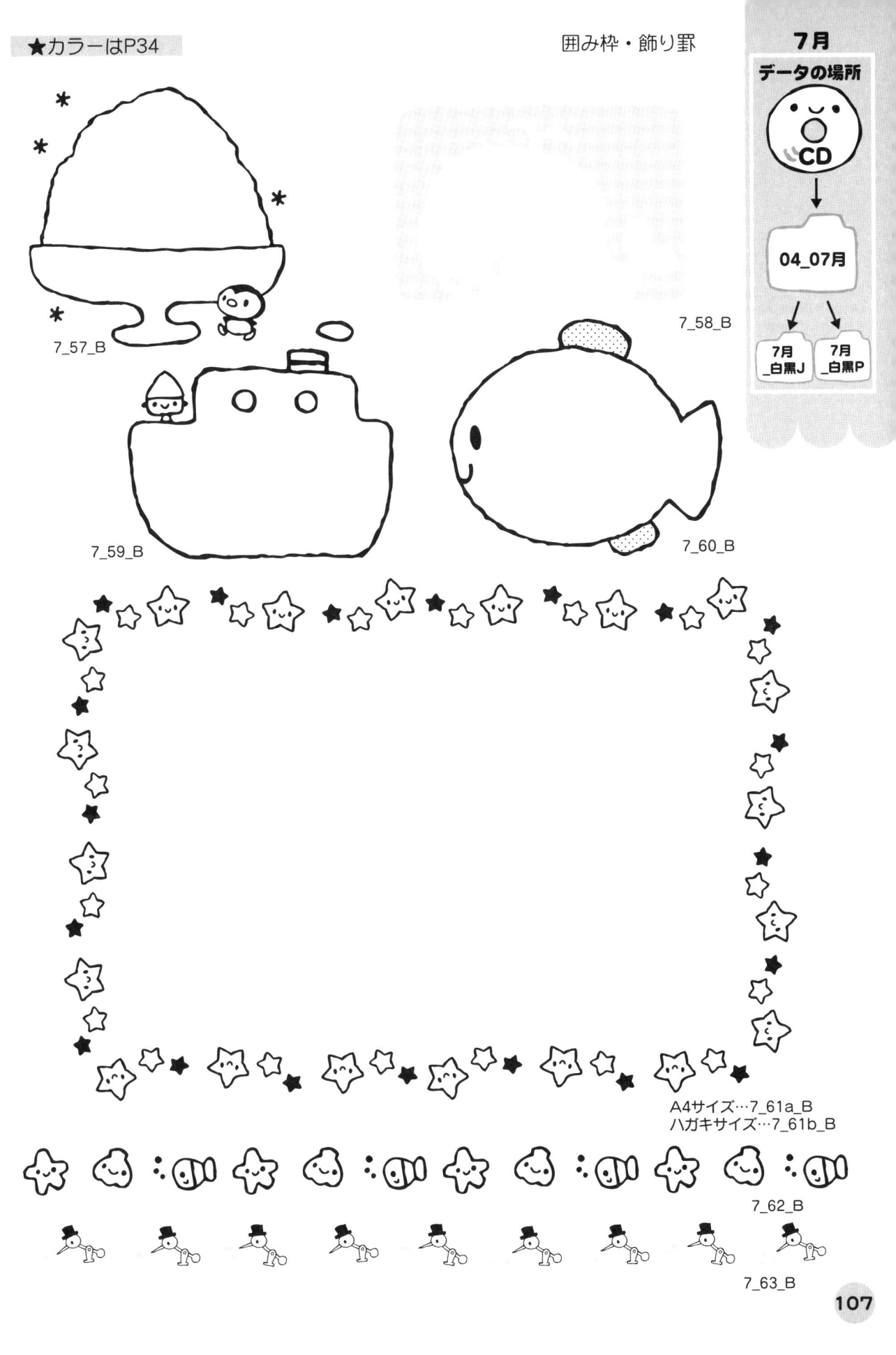

CD → 04_07月 → 7月_白黒J / 7月_白黒P

7_57_B

7_58_B

7_59_B

7_60_B

A4サイズ…7_61a_B
ハガキサイズ…7_61b_B

7_62_B

7_63_B

107

7月

データの場所

CD → 04_07月 → 7月_白黒J / 7月_白黒P

囲み枠・飾り罫

★カラーはP34

A4サイズ…7_64a_B
ハガキサイズ…7_64b_B

7_65_B

7_66_B

A4サイズ…7_67a_B
ハガキサイズ…7_67b_B

★カラーはP35　　　　　　　　　　タイトル／8月のイメージ／海

8月
データの場所
CD
↓
05_08月
↓　　↓
8月_白黒J　8月_白黒P

8_01_B

8月の園だより
文字あり…8_02a_B
文字なし…8_02b_B
文字のみ…8_02c_B

はなびたいかい
文字あり…8_03a_B
文字なし…8_03b_B
文字のみ…8_03c_B

8_04_B　　8_05_B　　8_06_B

なつまつり　8_07_B

8月生まれのおともだち
文字あり…8_08a_B
文字なし…8_08b_B

8月　8_09_B

おとまり保育　8_10_B　キャンプ　8_11_B　夏期保育　8_12_B

8_13_B　8_14_B　8_15_B　はなの日　8_16_B　8_17_B

8_18_B　8_19_B　8_20_B　8_21_B

8_22_B　8_23_B　8_24_B　8_25_B　8_26_B

8_27_B　8_28_B　8_29_B　8_30_B　8_31_B

109

8月 夏祭り／花火大会／キャンプ／きもだめし／お泊まり保育 ★カラーはP36

データの場所
CD → 05_08月 → 8月_白黒J / 8月_白黒P

8_32_B
8_33a_B 文字あり
8_33b_B 文字なし
なつまつり
8_34_B
8_35_B
8_36_B
8_37_B
8_38_B
8_39_B たこやき
8_40_B
8_41_B
8_42_B
8_43_B
8_44_B
8_45_B
8_46_B
8_47_B
8_48_B
8_49_B
8_50_B
8_51
8_52
8_53_B
8_54_B
8_55_B
8_56_B
8_57_B
8_58_B
8_59_B
8_60_B
8_61_B

110

★カラーはP37　　　　　　　　　　　　　　囲み枠・飾り罫

8月
データの場所
CD
↓
05_08月
↓　↓
8月_白黒J　8月_白黒P

A4サイズ…8_62a_B
ハガキサイズ…8_62b_B

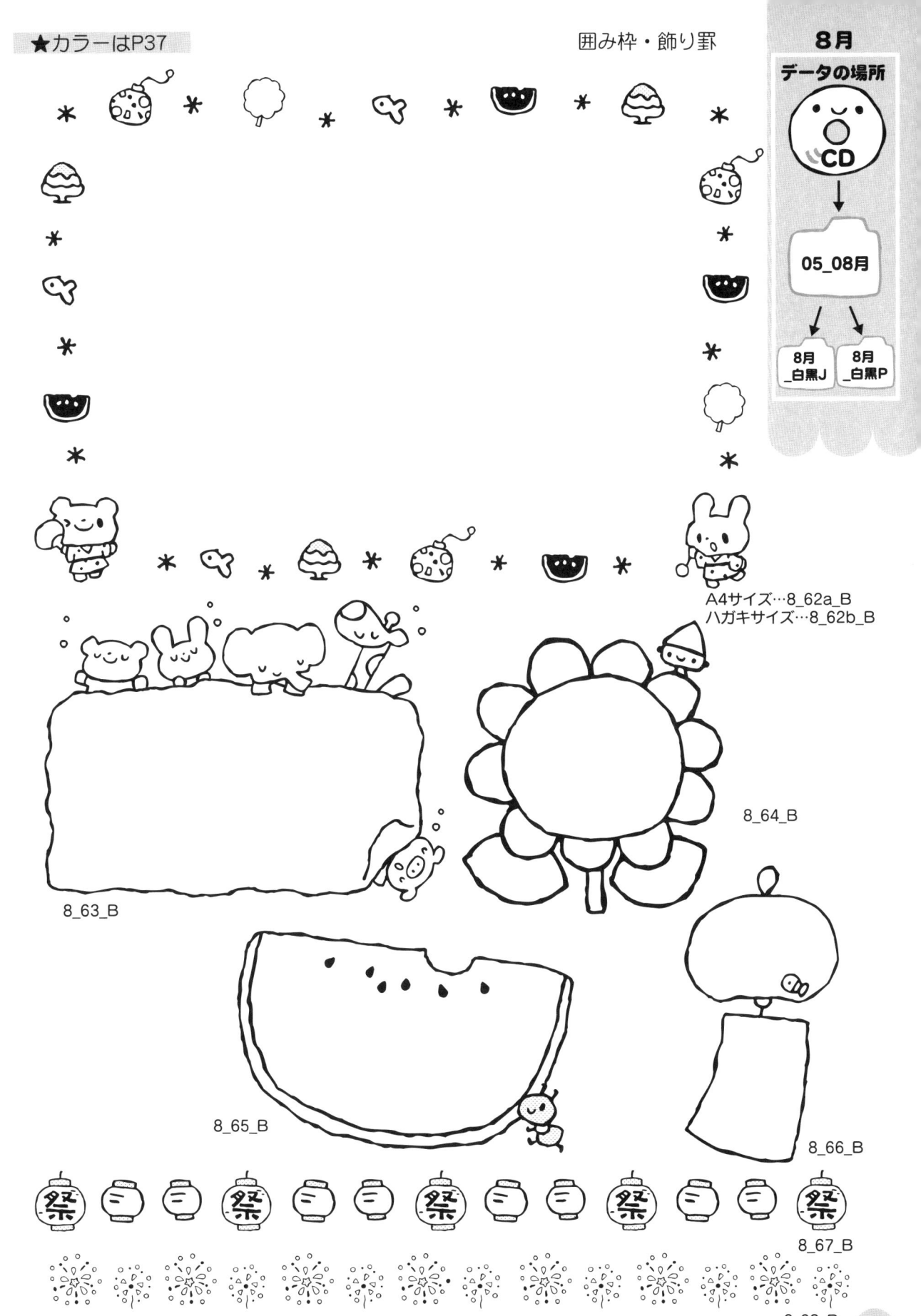

8_63_B

8_64_B

8_65_B

8_66_B

8_67_B

8_68_B

111

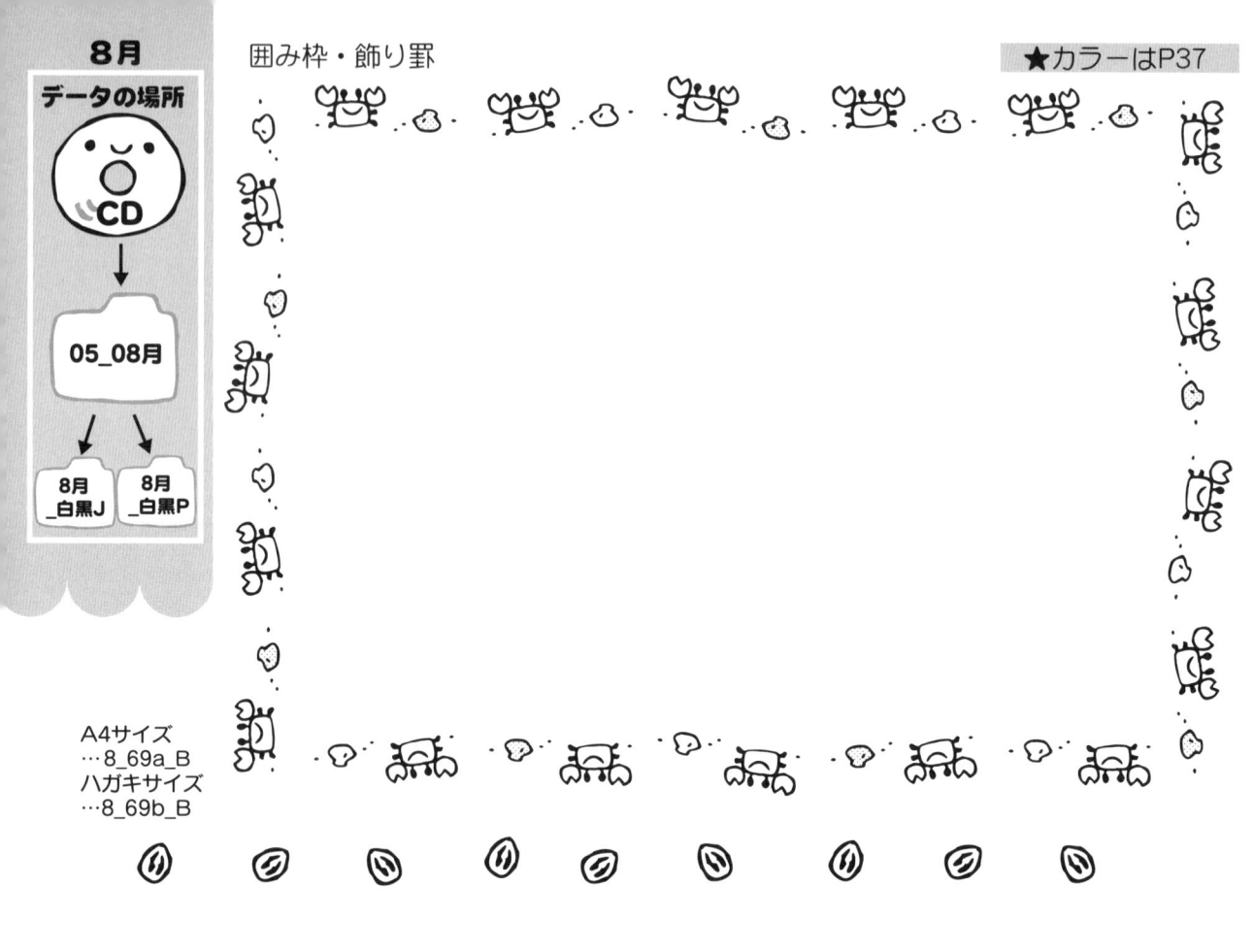

8月 囲み枠・飾り罫 ★カラーはP37

データの場所

05_08月

8月_白黒J 8月_白黒P

A4サイズ
…8_69a_B
ハガキサイズ
…8_69b_B

A4サイズ…8_70a_B
ハガキサイズ…8_70b_B

8_71_B

8_72_B

112

★カラーはP37　　　　　　　　　　　　　　暑中見舞い・残暑見舞い

8月

データの場所

CD
↓
05_08月
↓　　↓
8月_白黒J　8月_白黒P

暑中おみまい申し上げます。

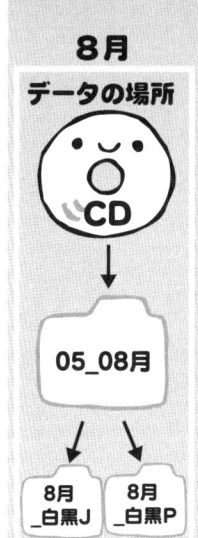

ハガキサイズ文字あり…8_73a_B
ハガキサイズ文字無し…8_73b_B
文字のみ…8_73c_B

残暑おみまい申し上げます。

ハガキサイズ文字あり…8_74a_B
ハガキサイズ文字無し…8_74b_B
文字のみ…8_74c_B

113

9月

タイトル／新学期／9月のイメージ

★カラーはP38

データの場所

CD → 06_09月 → 9月_白黒J / 9月_白黒P

9_01_B

9月の園だより
文字あり…9_02a_B
文字なし…9_02b_B
文字のみ…9_02c_B

9_03_B

けいろうの日
文字あり…9_04a_B
文字なし…9_04b_B
文字のみ…9_04c_B

おつきみ
文字あり…9_05a_B
文字なし…9_05b_B
文字のみ…9_05c_B

9月 9_06_B

9月 9_07_B

9_08

文字あり…9_10a_B
文字なし…9_10b_B

9月生まれのおともだち

ひなんくんれん 9_09_B

9_11_B　9_12_B　9_13_B　9_14_B

9_15_B　9_16_B　9_17_B　9_18_B　9_19_B　9_20_B

9_21_B　9_22_B　9_23_B　9_24_B　9_25_B

114

★カラーはP39　　　　　　　　お月見／敬老の日／動物愛護デー／防災の日

9月
データの場所
CD
↓
06_09月
↓　↓
9月_白黒J　9月_白黒P

9_26_B
9_27_B
9_28_B
9_29_B
9_30_B
9_31_B
9_32_B
9_33_B
9_34_B
9_35_B
9_36_B
9_37_B
9_38_B
9_39_B
9_40_B
9_41_B
9_42_B

いつまでも げんきでいてね
文字あり…9_43a_B
文字なし…9_43b_B

9_44_B
9_45_B

9_46_B
9_47_B
9_48_B

どうぶつあいごデー
文字あり…9_49a_B
文字なし…9_49b_B

おかしも
9_50_B

✕ おさない　✕ かけない　✕ しゃべらない　✕ もどらない

9_51_B
9_52_B
9_53_B
9_54_B

115

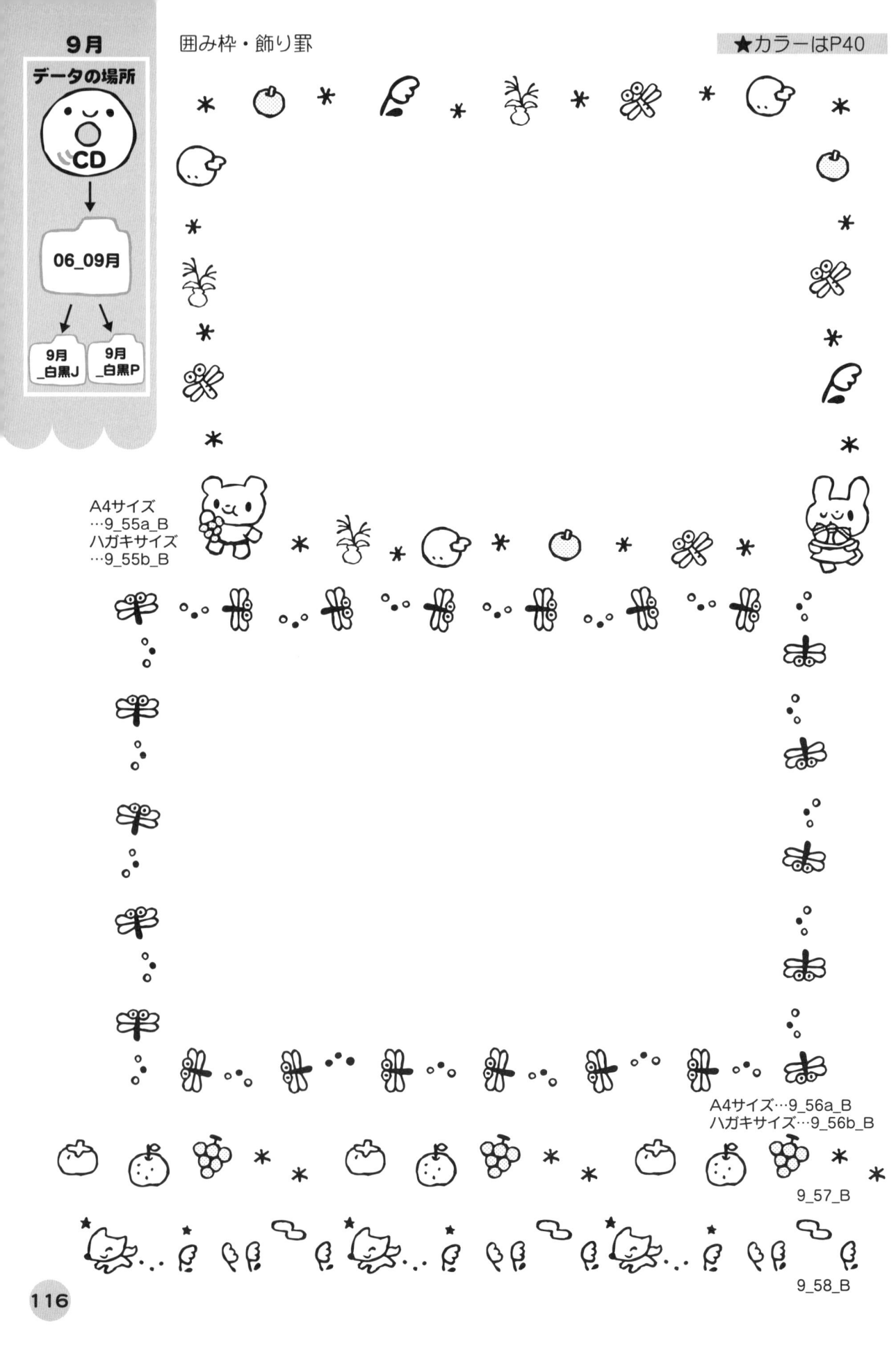

9月 囲み枠・飾り罫 ★カラーはP40

データの場所
CD → 06_09月 → 9月_白黒J / 9月_白黒P

A4サイズ…9_55a_B
ハガキサイズ…9_55b_B

A4サイズ…9_56a_B
ハガキサイズ…9_56b_B

9_57_B

9_58_B

★カラーはP40

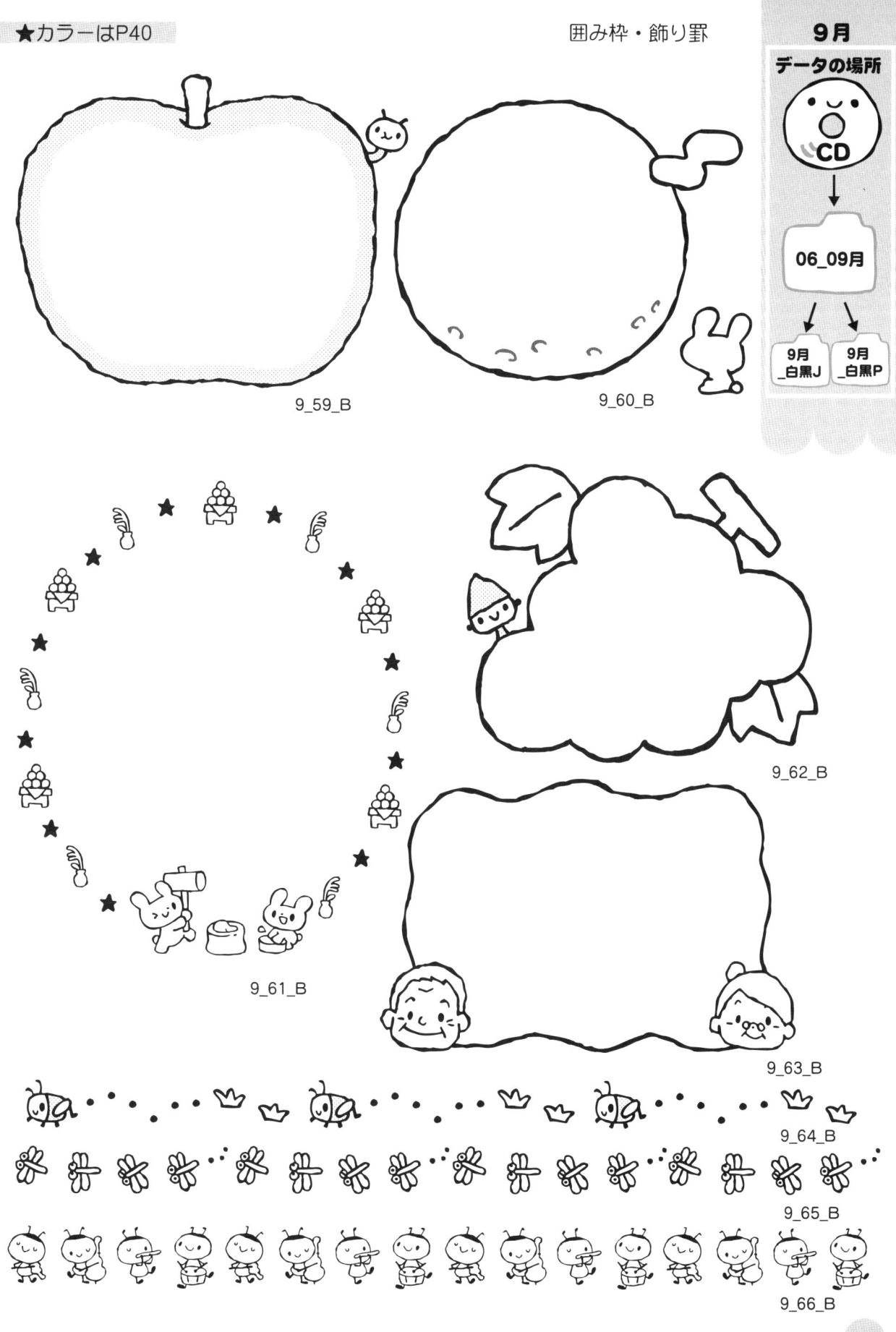

囲み枠・飾り罫

9月
データの場所

CD
↓
06_09月
↓ ↓
9月_白黒J 9月_白黒P

9_59_B

9_60_B

9_61_B

9_62_B

9_63_B

9_64_B

9_65_B

9_66_B

117

10月

タイトル／10月のイメージ／秋の遠足

★カラーはP41

データの場所
CD → 07_10月 → 10月_白黒J ／ 10月_白黒P

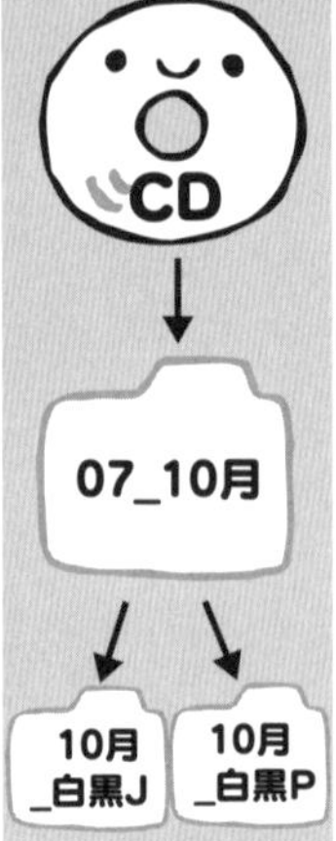

10月の園だより
文字あり…10_01a_B
文字なし…10_01b_B
文字のみ…10_01c_B

うんどうかい
文字あり…10_02a_B
文字なし…10_02b_B
文字のみ…10_02c_B

ハロウィン
文字あり…10_03a_B
文字なし…10_03b_B
文字のみ…10_03c_B

10_04_B

10月生まれのおともだち
文字あり…10_5a_B
文字なし…10_5b_B

10_06_B

10_07_B

10_08_B

10_09_B
10_10_B
10_11_B
10_12_B
10_13_B
10_14_B
10_15_B
10_16_B
10_17_B
10_18_B
10_19_B
10_20_B
10_21_B
10_22_B
10_23_B

★カラーはP42　　　ハロウィン／目の愛護デー／ご案内ポスター　　　10月

データの場所　CD → 07_10月 → 10月_白黒J／10月_白黒P

10_24_B
10_25_B
10_26_B
4体セット／10_28_B
10_27_B
10_29_B
10_30_B
10_31_B
10_32_B
10_33_B
10_34_B
10_35_B
10_36_B
10_37_B
10_38_B
10_39_B
10_40_B
10_41_B
10_42_B
文字あり…10_43a_B
文字なし…10_43b_B
10_44_B

★ポスターにも使える大きめサイズのデータです

※運動会以外にも、入園式や各種発表会のときなどにご案内ポスターとして便利に使うことが出来ます。

保護者席　10_45_B

ビデオコーナー　10_46_B

救護所　10_47_B

10月 ご案内ポスター ★カラーはP42

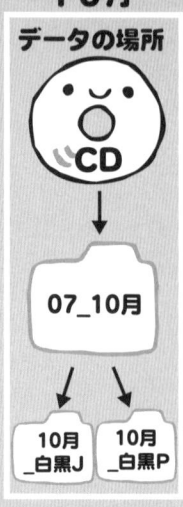

データの場所
CD → 07_10月 → 10月_白黒J / 10月_白黒P

来賓席 10_48_B

はいらないで 10_49_B

男子トイレ 10_50_B

女子トイレ 10_51_B

こちらです 10_52_B

こちらです 10_53_B

駐車場 10_54_B

駐車禁止 10_55_B

使用禁止 10_56_B

喫煙所 10_57_B

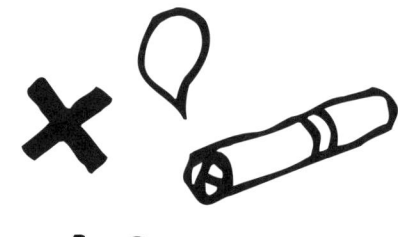

禁煙 10_58_B

★カラーはP43　　　　　　　　　　　　　　　　　　　　運動会

10月

データの場所
CD → 07_10月 → 10月_白黒J / 10月_白黒P

10_59_B　10_60_B　10_61_B　10_62_B
10_63_B　10_64_B
10_65_B　10_66_B　10_67_B
10_68_B　10_69_B　10_70_B
10_71_B　10_72_B　10_73_B　10_74_B
10_75_B　10_76_B　10_77_B　10_78_B　10_79_B

10月 囲み枠・飾り罫 ★カラーはP44

データの場所
CD → 07_10月 → 10月_白黒J / 10月_白黒P

A4サイズ…10_80a_B
ハガキサイズ…10_80b_B

10_81_B

10_82_B

10_83_B

10_84_B

10_85_B

10_86_B

★カラーはP44　　　　　　　　　　　　　囲み枠・飾り罫

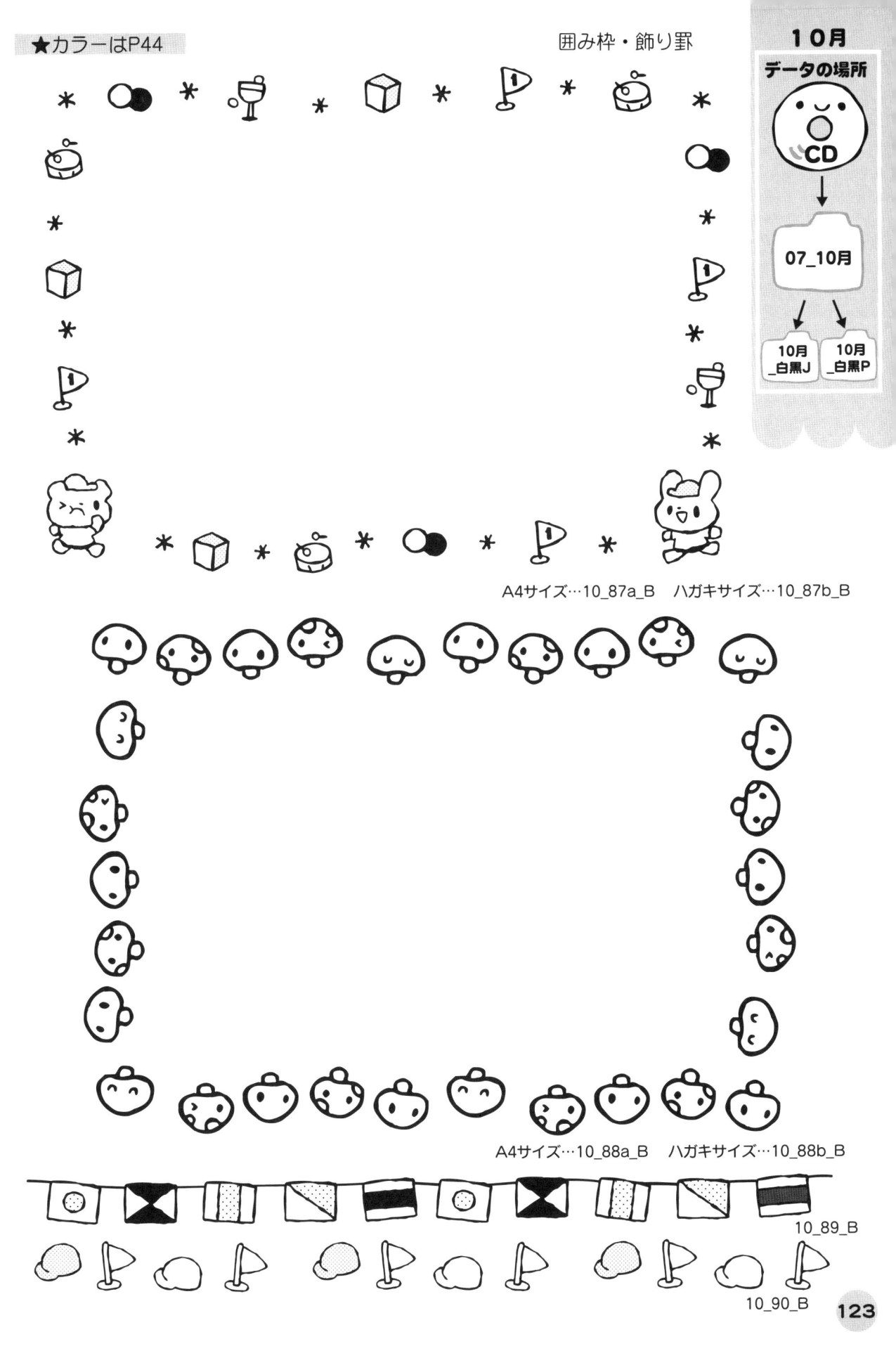

10月

データの場所

CD → 07_10月 → 10月_白黒J / 10月_白黒P

A4サイズ…10_87a_B　　ハガキサイズ…10_87b_B

A4サイズ…10_88a_B　　ハガキサイズ…10_88b_B

10_89_B

10_90_B

123

11月

タイトル／11月のイメージ／いもほり

★カラーはP45

データの場所
CD → 09_11月 → 11月_白黒J／11月_白黒P

11_01_B

11月の園だより
文字あり…11_02a_B
文字なし…11_02b_B
文字のみ…11_02c_B

文字あり…11_03a_B
文字なし…11_03b_B
文字のみ…11_03c_B

いもほり

11_04_B

文字あり…11_05a_B
文字なし…11_05b_B
文字のみ…11_05c_B

さくひんてん

11_06_B　11_07_B

11月生まれの おともだち
文字あり…11_8a_B
文字なし…11_8b_B

勤労感謝の日　七五三
11_09_B　11_10_B

11_11_B　11_12_B　11_13_B　11_14_B

11_19_B

11_15_B　11_16_B　11_17_B　11_18_B　11_20_B

11_21_B　11_22_B　11_23_B　11_24_B

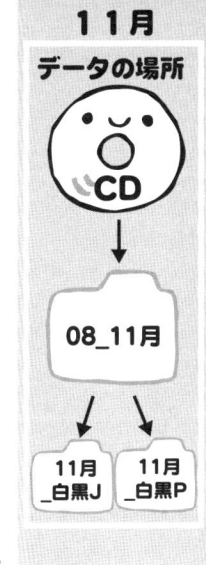

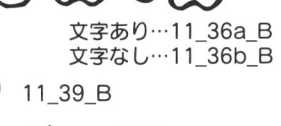

★カラーはP46　　七五三／作品展／勤労感謝の日／読書週間

11月

データの場所
CD → 08_11月 → 11月_白黒J ／ 11月_白黒P

七五三

- 11_25_B
- 11_26_B
- 11_27_B
- 11_28_B
- 11_29_B
- 11_30_B
- 11_31_B
- 11_32_B
- 11_33_B
- 11_34_B
- 11_35_B

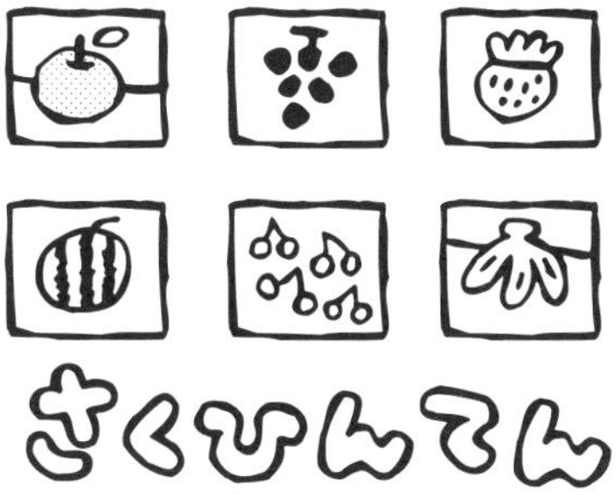

さくひんてん
文字あり…11_36a_B
文字なし…11_36b_B

- 11_37_B
- 11_38_B
- 11_39_B 
- 11_40_B 
- 11_41_B
- 11_42_B 
- 11_43_B 

読書週間
文字あり…11_44a_B
文字なし…11_44b_B

- 11_45_B
- 11_46_B
- 11_47_B
- 11_48_B
- 11_49_B
- 11_50_B

125

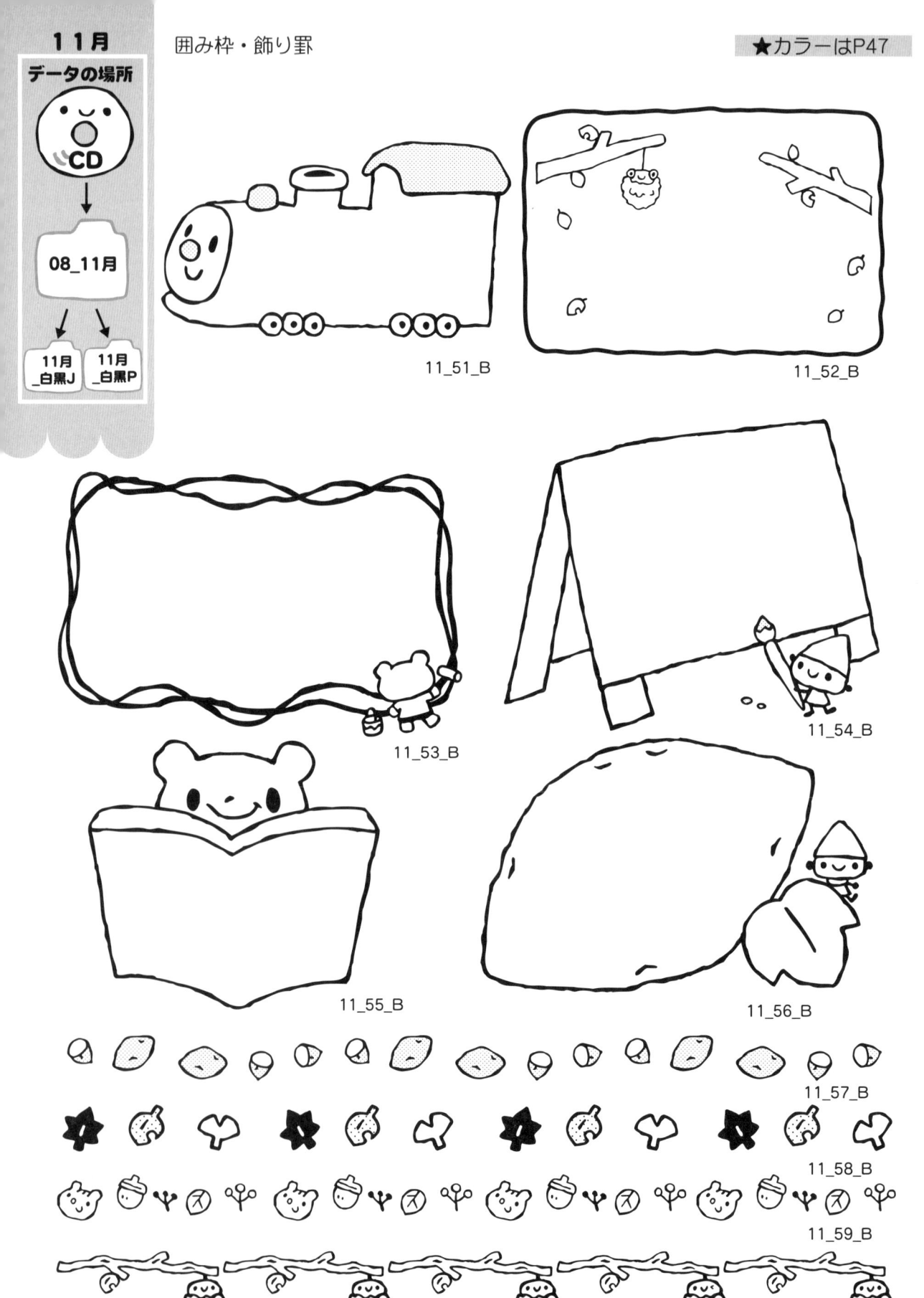

11月 囲み枠・飾り罫 ★カラーはP47

データの場所
CD → 08_11月 → 11月_白黒J / 11月_白黒P

11_51_B
11_52_B
11_53_B
11_54_B
11_55_B
11_56_B
11_57_B
11_58_B
11_59_B
11_60_B

126

★カラーはP47　　　　　　　　　　　　　　　　　　　　　囲み枠　　**11月**

データの場所

CD → 08_11月 → 11月_白黒J ／ 11月_白黒P

A4サイズ…11_61a_B
ハガキサイズ…11_61b_B

A4サイズ…11_62a_B
ハガキサイズ…11_62b_B

127

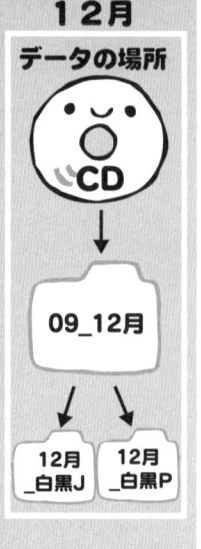

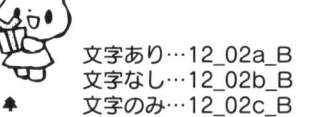

12月

タイトル／12月のイメージ／冬至

★カラーはP48

データの場所
CD → 09_12月 → 12月_白黒J / 12月_白黒P

12月の園だより
- 文字あり…12_01a_B
- 文字なし…12_01b_B
- 文字のみ…12_01c_B

クリスマス会
- 文字あり…12_02a_B
- 文字なし…12_02b_B
- 文字のみ…12_02c_B

12_03_B
12_04_B
12_05_B
12_06_B
12_07_B
12_08_B

ふゆやすみ 12_09_B
メリークリスマス 12_10_B

12月生まれのおともだち
- 文字あり…12_11a_B
- 文字なし…12_11b_B

12_12_B 12_13_B 12_14_B 12_15_B 12_16_B

12_17_B 12_18_B 12_19_B 12_20_B 12_21_B

12_22_B  12_23_B  12_24_B  12_25_B

★カラーはP49　　　　　　　　　　　　　クリスマス／大掃除

12月

データの場所
CD
↓
09_12月
↓　↓
12月_白黒J　12月_白黒P

12_26_B　12_27_B　12_28_B
12_29_B　12_30_B　12_31_B
12_32_B　12_33_B　12_34_B　12_35_B　12_36_B
12_37_B　12_38_B　12_39_B
12_40_B　12_41_B　12_42_B　12_43_B　12_44_B　12_45_B
12_46_B　12_47_B　12_48_B　12_49_B
12_50_B　12_51_B　12_52_B　12_53_B

12月

もちつき／除夜の鐘／年越し／囲み枠・飾り罫

★カラーはP50〜51

データの場所
CD → 09_12月 → 12月_白黒J ／ 12月_白黒P

12_54_B
12_55_B
12_56_B
12_57_B
12_58_B
12_59_B
12_60_B
12_61_
12_62_B
12_63_B
12_64_B
12_65_B　よいおとしを
12_66_B
12_67_B
12_68_B
12_69_B
12_70_B
12_71_B
12_72_B

130

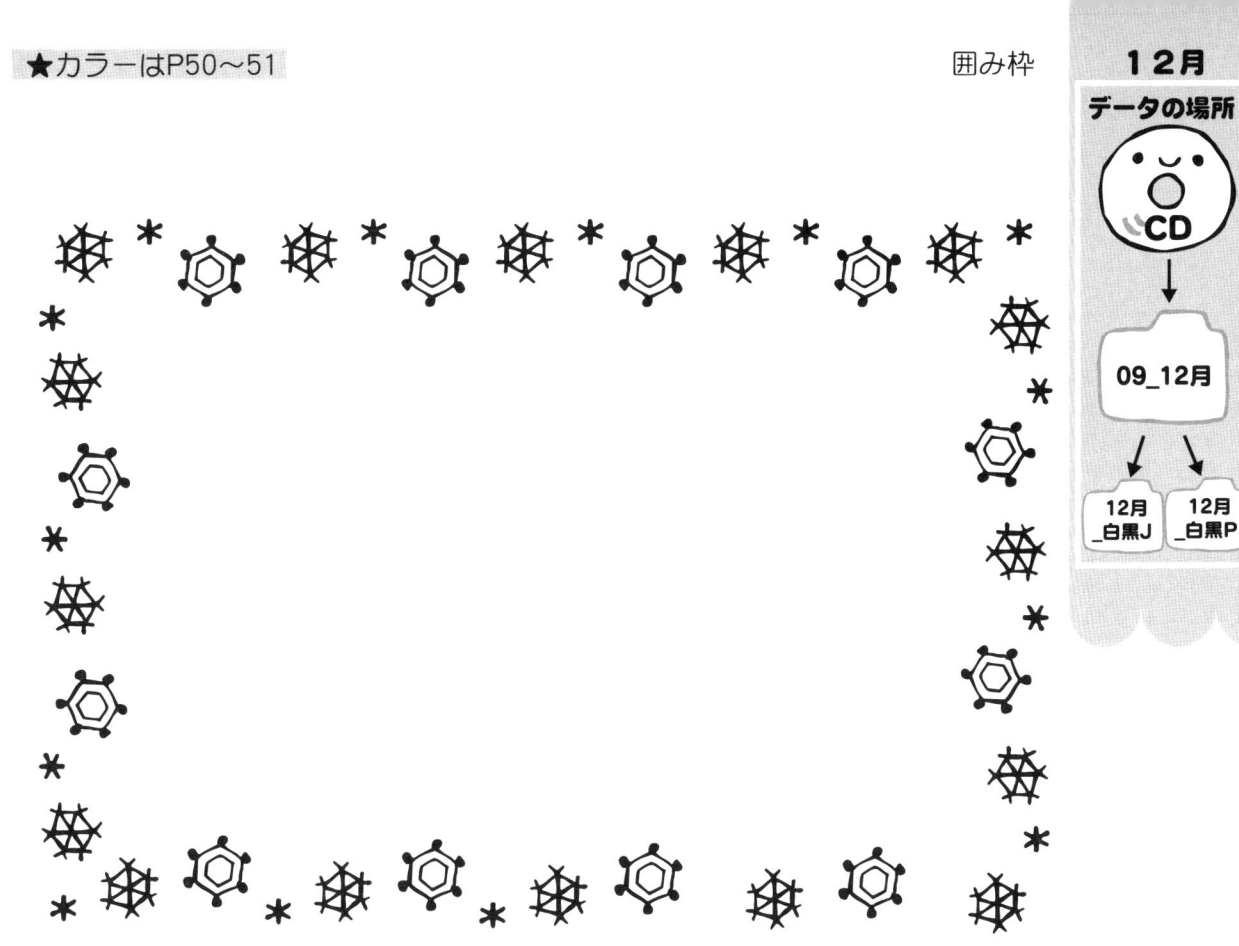

★カラーはP50〜51　　　　　　　　　　　　　　　　　　囲み枠　　　**１２月**

データの場所
CD
↓
09_12月
↓　↓
12月_白黒J　12月_白黒P

A4サイズ…12_73a_B
ハガキサイズ…12_73b_B

A4サイズ…12_74a_B
ハガキサイズ…12_74b_B

131

12月

データの場所

09_12月 → 12月_白黒J / 12月_白黒P

囲み枠

★カラーはP51

A4サイズ…12_75a_B
ハガキサイズ…12_75b_B

A4サイズ…12_76a_B
ハガキサイズ…12_76b_B

★カラーはP51   囲み枠   **１２月**

データの場所
CD
↓
09_12月
↓ ↓
12月_白黒J 12月_白黒P

12_77_B

12_78_B

12_79_B

A4サイズ…12_80a_B
ハガキサイズ…12_80b_B

133

1月

タイトル／1月のイメージ／冬の遊び

★カラーはP52

データの場所
CD → 10_1月 → 1月_白黒J ／ 1月_白黒P

1_01_B

1月の園だより

文字あり…1_02a_B
文字なし…1_02b_B
文字のみ…1_02c_B

1_03_B

1_04_B

1_05_B

1_06_B

1_07_B

1_08_B

お正月 1_09_B

1月生まれの おともだち

文字あり…1_10a_B
文字なし…1_10b_B

1_11_B

1_12_B

1_13_B

1_14_B

1_15_B

1_16_B

1_17_B

1_18_B

1_19_B

1_20_B

1_21_B

1_22_B

★カラーはP53　　　　　　　　　　　　　　　　　　　　　お正月　　**1月**

データの場所

CD → 10_1月 → 1月_白黒J / 1月_白黒P

1_23_B
1_24_B
1_25_B
1_26_B
1_27_B
1_28_B
1_29_B
1_30_B
1_31_B
1_32_B
1_33_B
1_34_B
1_35_B
1_36_B
1_37_B
1_38_B
1_39_B
1_40_B あけましておめでとう〜
1_41_B
1_42_B
1_43_B
1_44_B

135

1月

十二支／飾り罫

★カラーはP54

データの場所
CD → 10_1月 → 1月_白黒J / 1月_白黒P

★十二支／全身

1_45_B　1_46_B　1_47_B 　1_48_B 　1_49_B　1_50_B

1_51_B 　1_52_B 　1_53_B 　1_54_B　1_55_B 　1_56_B

１２体セット／1_57_B

★十二支／顔

1_58_B 　1_59_B 　1_60_B 　1_61_B 　1_62_B 　1_63_B

1_64_B 　1_65_B  　1_66_B 　1_67_B  　1_68_B 　1_69_B

１２個セット／1_70_B

1_71_B

1_72_B

1_73_B

1_74_B

1_75_B

★カラーはP54〜55　　　　　　　　　　　　　　　囲み枠

1月
データの場所
CD → 10_1月 → 1月_白黒J / 1月_白黒P

1_76_B

1_77_B

1_78_B

1_79_B

1_80_B

137

1月

囲み枠／年賀状

★カラーはP54～55

データの場所

CD → 10_1月 → 1月_白黒J , 1月_白黒P

A4サイズ…1_81a_B
ハガキサイズ…1_81b_B

ハガキサイズ…1_82_B

★カラーはP55　　　　　　　　　　　　　　　　　　　年賀状　　**1月**

データの場所

CD → 10_1月 → 1月_白黒J / 1月_白黒P

あけまして
おめでとう
ございます

ハガキサイズ文字あり…1_83a_B
ハガキサイズ文字無し…1_83b_B
文字のみ…1_83c_B

本年もどうぞ
よろしくおねがいします

ハガキサイズ文字あり…1_84a_B
ハガキサイズ文字無し…1_84b_B
文字のみ…1_84c

1月 囲み枠／年賀状 ★カラーはP55

データの場所
CD → 10_1月 → 1月_白黒J / 1月_白黒P

A4サイズ…1_85a_B
ハガキサイズ…1_85b_B

A HAPPY NEW YEAR

ハガキサイズ文字あり…1_86a_B
ハガキサイズ文字無し…1_86b_B

★カラーはP56　　タイトル／2月のイメージ／風邪に注意／火の用心

2月
データの場所
CD
↓
11_2月
↓　↓
2月_白黒J　2月_白黒P

2月の園だより
- 文字あり…2_01a_B
- 文字なし…2_01b_B
- 文字のみ…2_01c_B

まめまき
- 文字あり…2_02a_B
- 文字なし…2_02b_B
- 文字のみ…2_02c_B

2_03_B

プログラム
- 文字あり…2_04a_B
- 文字なし…2_04b_B
- 文字のみ…2_04c_B

2月　2_05_B

2_06_B

2_07_B

- 文字あり…2_11a_B
- 文字なし…2_11b_B

2月　2_08_B

おゆうぎ会　2_09_B

2月生まれのおともだち

音楽会　2_10_B

2_12_B

2_13_B

2_15_B

2_16_B

2_17_B

2_18_B

火の用心
- 文字あり…2_14a_B
- 文字なし…2_14b_B

2_20_B

2_19_B

2_21_B

2_22_B

2_23_B

2_24_B

2_25_B

2_26_B

2_27_B

141

2月

節分／バレンタインデー／おゆうぎ会／音楽会

★カラーはP57

データの場所
CD → 11_2月 → 2月_白黒J / 2月_白黒P

おにはそとー

2_28_B
2_29_B
2_30_B
2_31_B
2_32_B
2_33_B
2_34_B
2_35_B
2_36_B
2_37_B
2_38_B
2_39_B
2_40_B
2_41_B
2_42_B
2_43_B
2_44_B
2_45_B
2_46_B
2_47_B
2_48_B
2_49_B
2_50_B
2_51_B

142

★カラーはP58

囲み枠

2月

データの場所

CD → 11_2月 → 2月_白黒J / 2月_白黒P

A4サイズ…2_52a_B
ハガキサイズ…2_52b_B

A4サイズ…2_53a_B
ハガキサイズ…2_53b_B

143

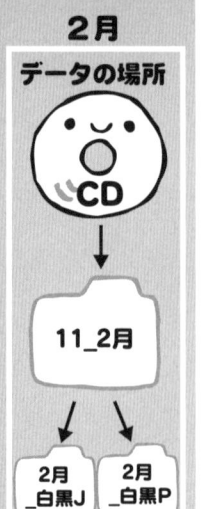

2月　囲み枠　★カラーはP58

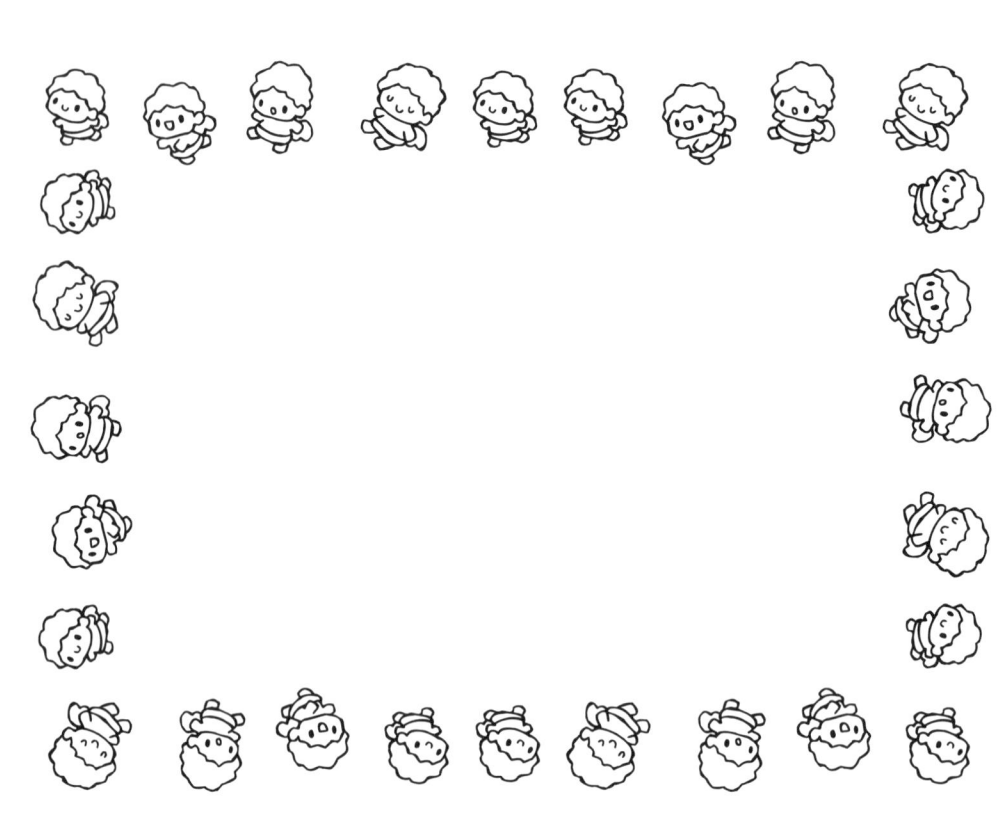

データの場所
CD → 11_2月 → 2月_白黒J, 2月_白黒P

A4サイズ…2_54a_B
ハガキサイズ…2_54b_B

A4サイズ…2_55a_B
ハガキサイズ…2_55b_B

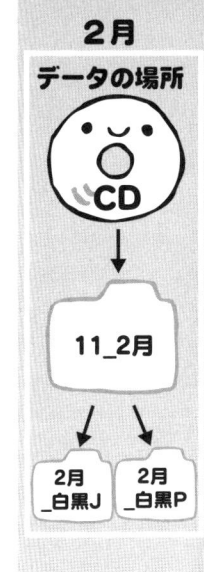

★カラーはP58　　　囲み枠・飾り罫　　**2月**

データの場所

CD → 11_2月 → 2月_白黒J / 2月_白黒P

2_56_B

2_57_B

2_58_B

2_59_B

2_60_B

2_61_B

2_62_B

145

3月

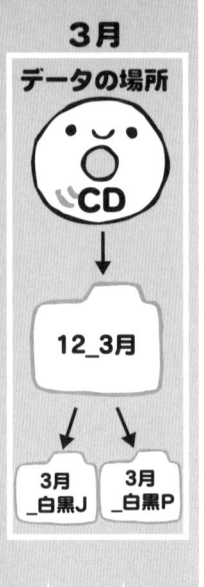

タイトル／3月のイメージ

★カラーはP59

データの場所
CD → 12_3月 → 3月_白黒J / 3月_白黒P

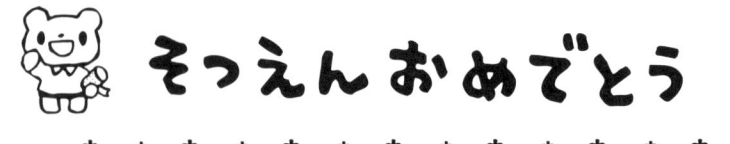

そつえんおめでとう
文字あり…3_01a_B
文字なし…3_01b_B
文字のみ…3_01c_B

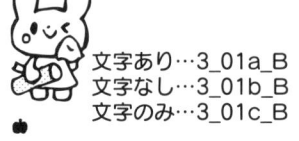

3月の園だより
文字あり…3_02a_B
文字なし…3_02b_B
文字のみ…3_02c_B

ひなまつり
文字あり…3_03a_B
文字なし…3_03b_B
文字のみ…3_03c_B

3_04_B
3_05_B
3_06_B 3月
3_07_B 3月

3月生まれのおともだち
文字あり…3_08a_B
文字なし…3_08b_B

3_09_B
3_10_B 卒園式

3_11_B おわかれ会
3_12_B しゅうりょうおめでとう

3_13_B
3_14_B
3_15_B
3_16_B
3_17_B
3_18_B
3_19_B
3_20_B
3_21_B
3_22_B
3_23_B
3_24_B
3_25_B
3_26_B

★カラーはP60 ひなまつり／卒園 **3月**

データの場所
CD → 12_3月 → 3月_白黒J / 3月_白黒P

3_27_B 3_28_B
3_34_B 3_29_B 3_30_B 3_31_B
3_35_B 3_32_B 3_33_B
10人セット／3_37_B 3_36_B
3_38_B 3_39_B 3_40_B 3_41_B 3_42_B

おめでとう
文字あり…3_44a_B
文字なし…3_44b_B

3_43_B 3_45_B
3_47_B
ずっと ともだち
3_46_B 3_48_B 3_49_B 3_50_B
3_51_B 文字あり…3_52a_B / 文字なし…3_52b_B 3_53_B 3_54_B

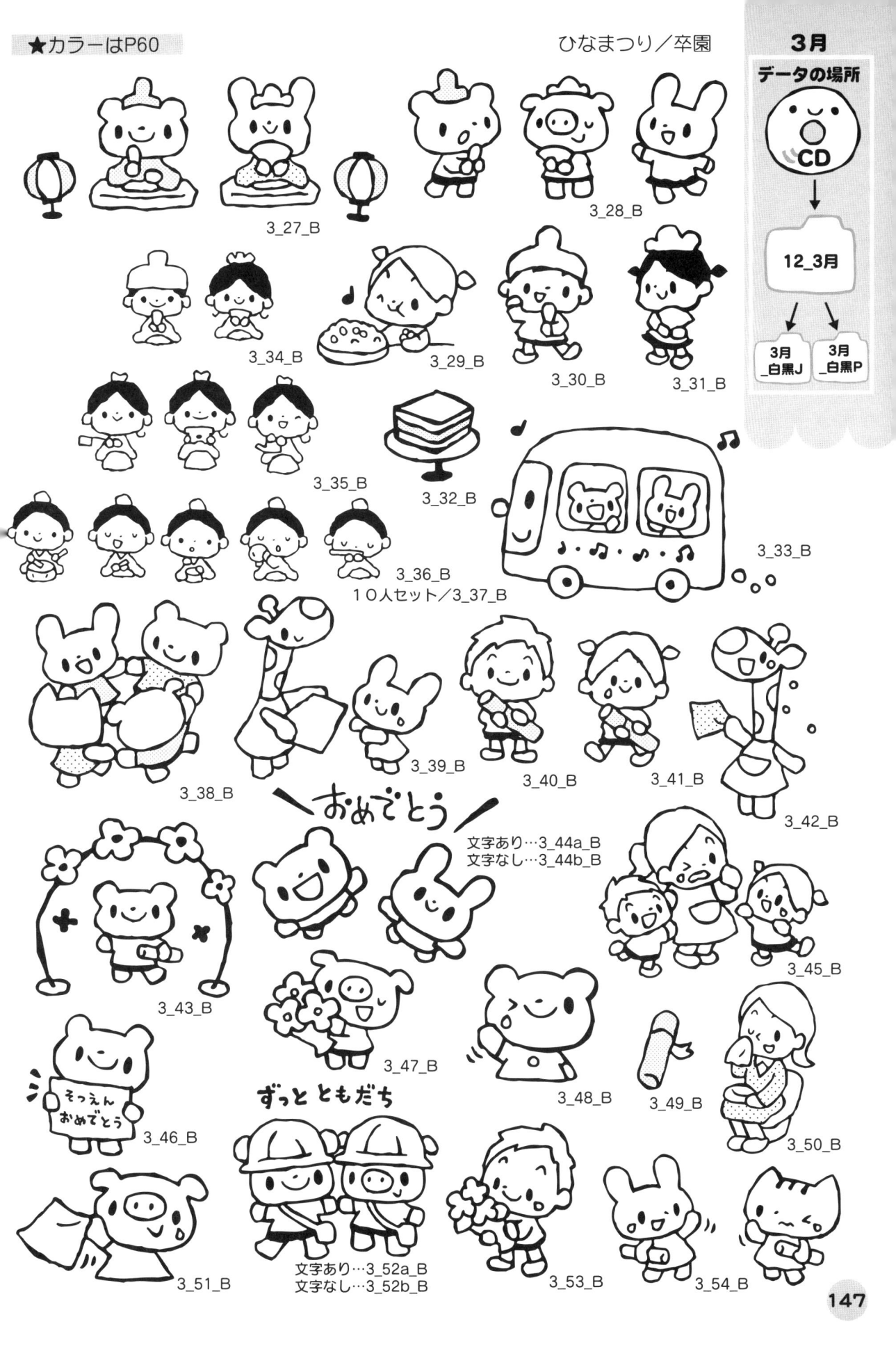

147

3月

データの場所

CD → 12_3月 → 3月_白黒J / 3月_白黒P

耳の日／もうすぐ１年生／お別れ遠足／飾り罫・囲み枠　　★カラーはP61〜62

耳の日

- 3_55_B
- 3_56_B
- 3_57a_B
- 3_57b_B
- 3_58_B
- 3_59_B
- 3_60_B
- 3_61_B
- 3_62_B
- 3_63_B
- 3_64_B

おわかれ えんそく
- 文字あり…3_65a_B
- 文字なし…3_65b_B
- 3_66_B
- 3_67_B
- 3_68_B
- 3_69_B
- 3_70_B
- 3_71_B
- 3_72_B

148

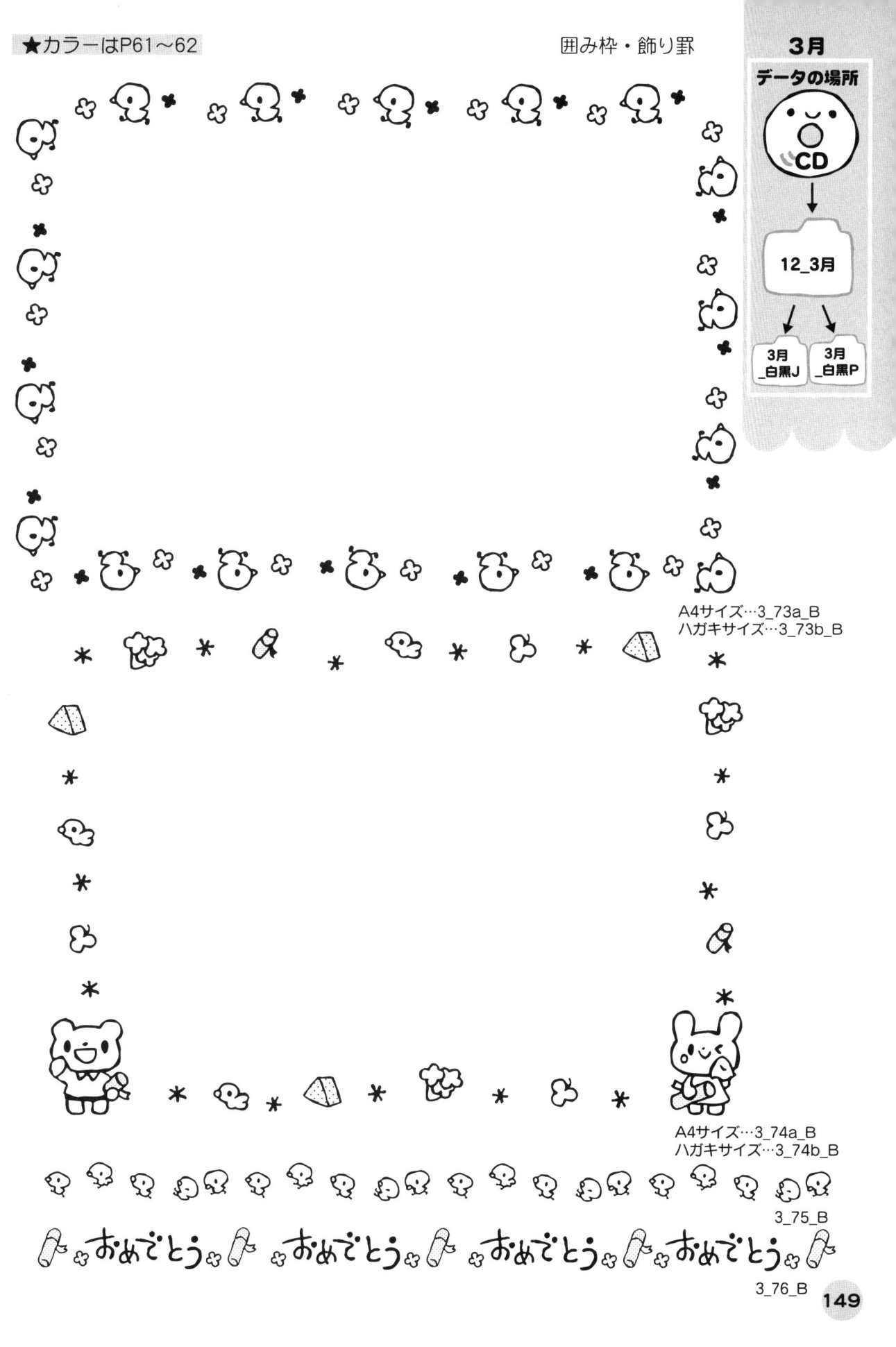

★カラーはP61〜62　　　　　　　　　囲み枠・飾り罫

3月
データの場所
CD
↓
12_3月
↓　　↓
3月_白黒J　3月_白黒P

A4サイズ…3_73a_B
ハガキサイズ…3_73b_B

A4サイズ…3_74a_B
ハガキサイズ…3_74b_B

3_75_B

おめでとう　おめでとう　おめでとう　おめでとう

3_76_B

149

3月 囲み枠／飾り罫 ★カラーはP62

データの場所
CD
↓
12_3月
↓ ↓
3月_白黒J   3月_白黒P

A4サイズ…3_77a_B
ハガキサイズ…3_77b_B

3_78_B

3_79_B

3_80_B

3_81_B

3_82_B

★カラーはP63　　　　　何にでも使えるカット・飾り罫

フリー
データの場所
CD
↓
13フリー
↓　　↓
フリー_白黒J　フリー_白黒P

free_01_B
free_02_B
free_03_B
free_04_B
free_05_B
free_06_B
free_07_B
free_08_B
free_09_B
free_10_B
free_11_B
free_12_B
free_13_B
free_14_B
free_15_B
free_16_B
free_17_B
free_18_B
free_19_B
free_20_B
free_21_B
free_22_B
free_23_B
free_24_B
free_25_B
free_26_B
free_27_B
free_28_B
free_29_B

151

文字

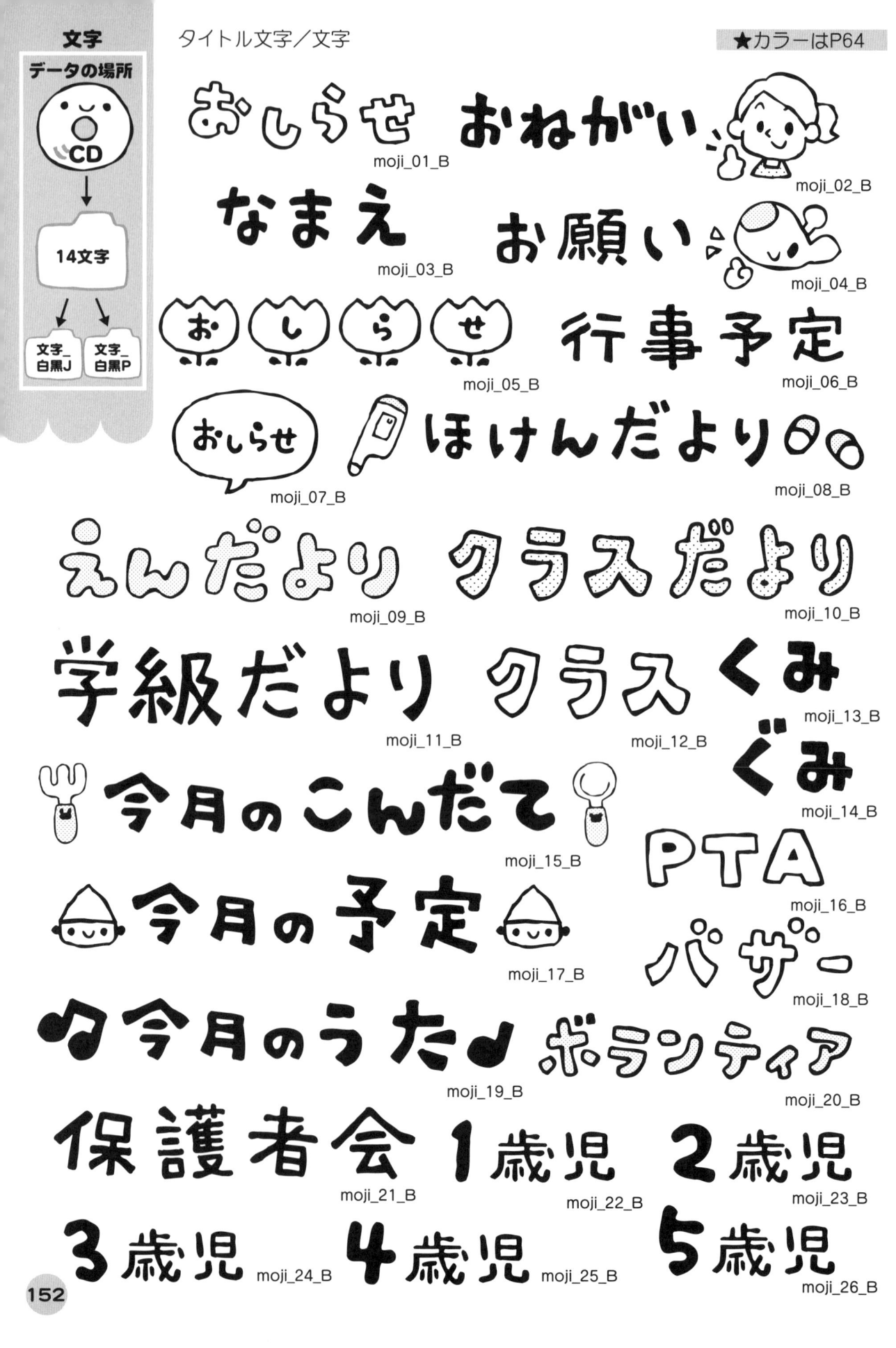

タイトル文字／文字

★カラーはP64

データの場所
CD
↓
14文字
↓ ↓
文字_白黒J　文字_白黒P

おしらせ
moji_01_B

おねがい
moji_02_B

なまえ
moji_03_B

お願い
moji_04_B

おしらせ
moji_05_B

行事予定
moji_06_B

おしらせ
moji_07_B

ほけんだより
moji_08_B

えんだより
moji_09_B

クラスだより
moji_10_B

学級だより
moji_11_B

クラス
moji_12_B

くみ
moji_13_B

ぐみ
moji_14_B

今月のこんだて
moji_15_B

PTA
moji_16_B

今月の予定
moji_17_B

バザー
moji_18_B

今月のうた
moji_19_B

ボランティア
moji_20_B

保護者会
moji_21_B

1歳児
moji_22_B

2歳児
moji_23_B

3歳児
moji_24_B

4歳児
moji_25_B

5歳児
moji_26_B

園の生活のカット

白黒

遊び

データの場所: CD → 15遊び → 遊び_白黒J / 遊び_白黒P

屋外の遊び

★カラーはP66

- asobi_01_B
- asobi_02_B
- asobi_03_B
- asobi_04_B
- asobi_05_B
- asobi_06_B
- asobi_07_B
- asobi_08_B
- asobi_09_B
- asobi_10_B
- asobi_11_B
- asobi_12_B
- asobi_13_B
- asobi_14_B
- asobi_15_B
- asobi_16_B
- asobi_17_B
- asobi_18_B
- asobi_19_B
- asobi_20_B
- asobi_21_B
- asobi_22_B
- asobi_23_B
- asobi_24_B

154

★カラーはP67 室内の遊び／伝承遊び

遊び

データの場所

CD → 15遊び → 遊び_白黒J / 遊び_白黒P

asobi_25_B
asobi_26_B
asobi_27_B
asobi_28_B
asobi_29_B
asobi_30_B
asobi_31_B
asobi_32_B
asobi_33_B
asobi_34_B
asobi_35_B
asobi_36_B
asobi_37_B
asobi_38_B
asobi_39_B
asobi_40_B
asobi_41_B
asobi_42_B
asobi_43_B
asobi_44_B
asobi_45_B
asobi_46_B
asobi_47_B
asobi_48_B
asobi_49_B

生活

読み聞かせ／学習／運動／元気にお返事／制作／おとうばん　　★カラーはP68

データの場所
CD → 16生活 → 生活_白黒J／生活_白黒P

- sei_01_B
- sei_02_B
- sei_03_B
- sei_04_B
- sei_05_B
- sei_06_B
- sei_07_B
- sei_08_B
- sei_09_B
- sei_10_B
- sei_11_B
- sei_12_B
- sei_13_B
- sei_14_B
- sei_15_B
- sei16_B
- sei_17_B
- sei_18_B
- sei_19_B

おとうばん
文字あり…sei_20a_B
文字なし…sei_20b_B

みずやりとうばん
文字あり…sei_21a_B
文字なし…sei_21b_B

- sei_22_B
- sei_23_B

156

★カラーはP69　　音楽／おゆうぎ／お昼寝／生き物　　**生活**

データの場所
CD → 16生活 → 生活_白黒J ／ 生活_白黒P

sei_24_B
sei_25_B
sei_26_B
sei_27_B
sei_28_B
sei_29_B
sei_30_B
sei_31_B
sei_32_B
sei_33_B
sei_34_B
sei_35_B
sei_36_B
sei_37_B
sei_38_B
sei_39_B
sei_40_B
sei_41_B
6匹セット／sei_42_B
sei_43_B
sei_44_B
sei_45_B
sei_46_B
sei_47_B
sei_48_B
sei_49_B
sei_50_B
sei_51_B
sei_52_B
sei_53_B
sei_54_B
sei_55_B
sei_56_B

157

食 | お弁当／食育／給食 | ★カラーはP70

データの場所
CD → 17食 → 食_白黒J / 食_白黒P

4匹セット／shoku_01_B

- shoku_02_B
- shoku_03_B
- shoku_04_B
- shoku_05_B
- shoku_06_B
- shoku_07_B
- shoku_08_B
- shoku_09_B
- shoku_10_B
- shoku_11_B

バランスよくたべよう

文字あり…shoku_12a_B
文字なし…shoku_12b_B

いただきます！
文字あり…shoku_13a_B
文字なし…shoku_13b_B

ごちそうさまでした
文字あり…shoku_14a_B
文字なし…shoku_14b_B

- shoku_15_B
- shoku_16_B
- shoku_17_B

なんでも
たべよう！
文字あり…shoku_18a_B
文字なし…shoku_18b_B

- shoku_19_B
- shoku_20_B
- shoku_21_B
- shoku_22_B
- shoku_23_B
- shoku_24_B
- shoku_25_B
- shoku_26_B
- shoku_27_B
- shoku_28_B
- shoku_29_B
- shoku_30_B

158

★カラーはP71　　　　　　　　　　　　　　　　　　　　おやつ／お菓子／お料理

ジュースのなかには
さとうがいっぱい！

文字あり…shoku_31a_B
文字なし…shoku_31b_B

shoku_32_B

食
データの場所
CD
↓
17食
↓　↓
食_白黒J　食_白黒P

shoku_33_B

shoku_34_B

shoku_35_B

shoku_36_B

shoku_37_B

shoku_38_B

shoku_39_B

shoku_40_B

shoku_41_B

shoku_42_B

shoku_43_B

shoku_44_B

shoku_45_B

shoku_46_B

shoku_47_B

shoku_48_B

shoku_49_B

shoku_50_B

shoku_51_B

159

| 保健 | 健康診断／身体測定／予防接種／各種検診／体調／清潔にしよう　★カラーはP72 |

データの場所
CD → 18保健 → 保健_白黒J / 保健_白黒P

健康診断

文字あり…ho_01a_B
文字なし…ho_01b_B
文字のみ…ho_01c_B

ho_02_B
ho_03_B
ho_04_B

身体測定
文字あり…ho_05a_B
文字なし…ho_05b_B

予防接種
ho_06_B
ho_07_B
ho_08_B
ho_09_B
ho_10_B

ho_11_B
ho_12_B
ho_13_B
ho_14_B
ho_15_B

ho_16_B
ho_17_B
ho_18_B
ho_19_B
ho_20_B

ho_21_B
ho_22_B
ho_23_B
ho_24_B
ho_25_B

ねるまえに歯をみがこう！

ho_26_B
ho_27_B
ho_28_B
ho_29_B

文字あり…ho_30a
文字なし…ho_30b

160

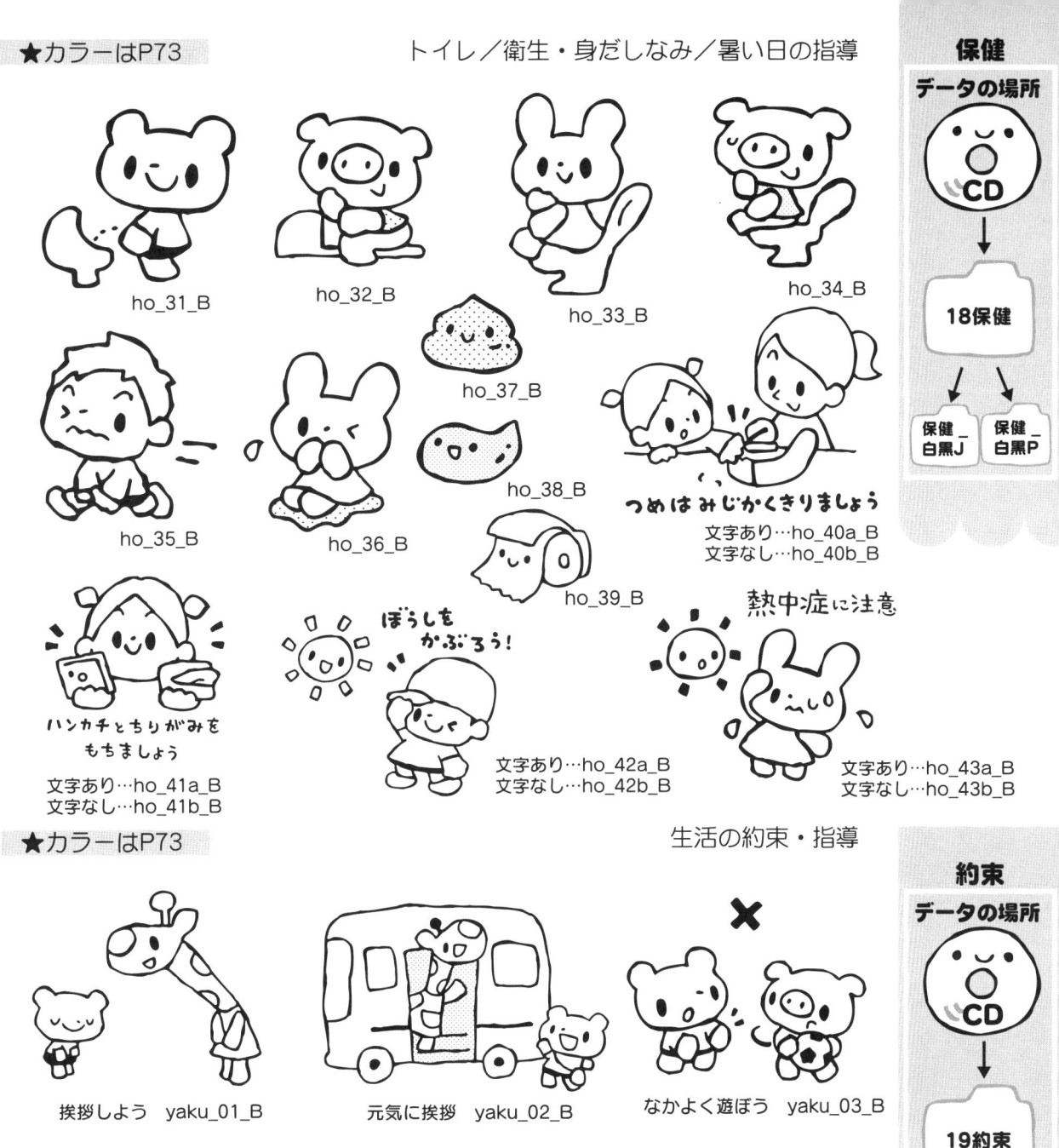

★カラーはP73　　　　　　　　　　　トイレ／衛生・身だしなみ／暑い日の指導

保健

データの場所
CD
↓
18保健
↓　↓
保健_白黒J　保健_白黒P

ho_31_B
ho_32_B
ho_33_B
ho_34_B
ho_35_B
ho_36_B
ho_37_B
ho_38_B
ho_39_B

つめはみじかくきりましょう
文字あり…ho_40a_B
文字なし…ho_40b_B

ハンカチとちりがみをもちましょう
文字あり…ho_41a_B
文字なし…ho_41b_B

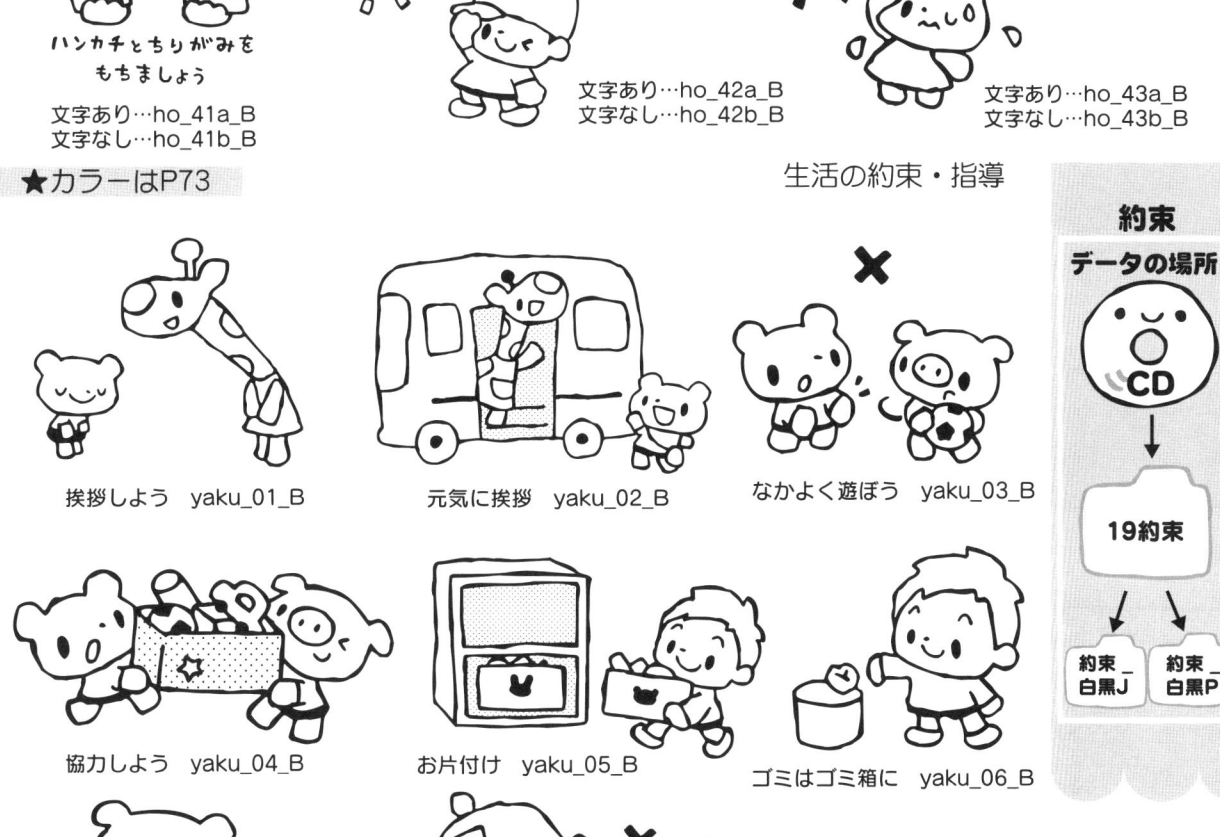

ぼうしをかぶろう！
文字あり…ho_42a_B
文字なし…ho_42b_B

熱中症に注意
文字あり…ho_43a_B
文字なし…ho_43b_B

★カラーはP73　　　　　　　　　　　生活の約束・指導

約束

データの場所
CD
↓
19約束
↓　↓
約束_白黒J　約束_白黒P

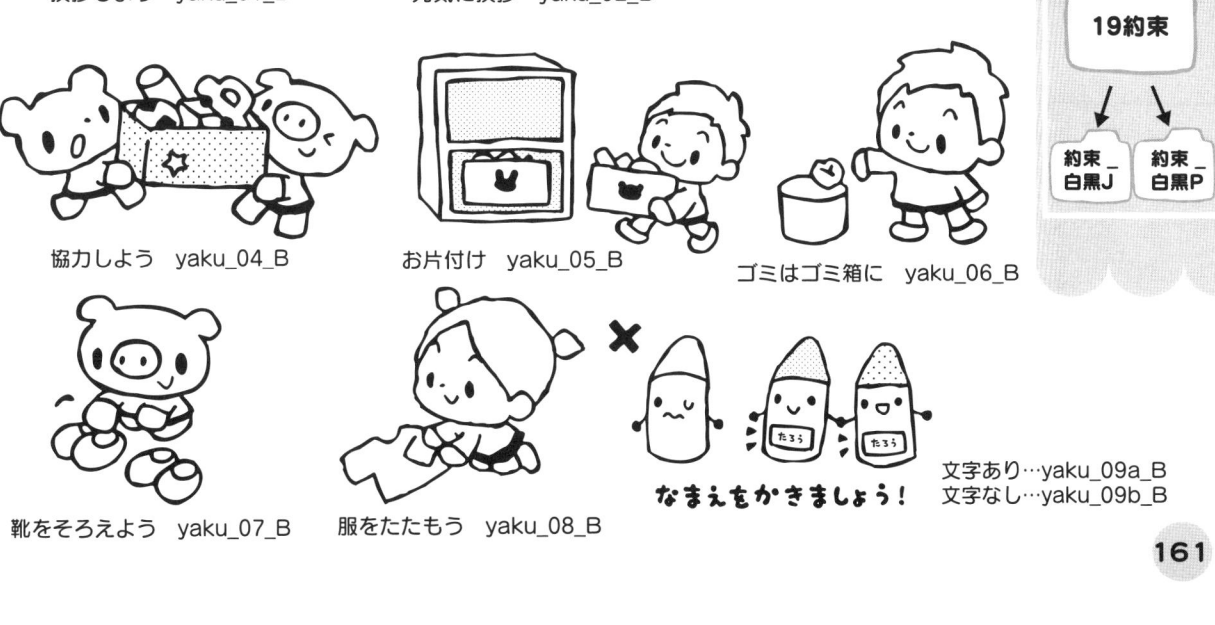

挨拶しよう　yaku_01_B
元気に挨拶　yaku_02_B
なかよく遊ぼう　yaku_03_B
協力しよう　yaku_04_B
お片付け　yaku_05_B
ゴミはゴミ箱に　yaku_06_B
靴をそろえよう　yaku_07_B
服をたたもう　yaku_08_B

なまえをかきましょう！
文字あり…yaku_09a_B
文字なし…yaku_09b_B

161

| 約束 | 生活の約束・指導 | ★カラーはP74 |

データの場所
CD → 19約束 → 約束_白黒J / 約束_白黒P

★ポスターにも使える大きめサイズのデータです

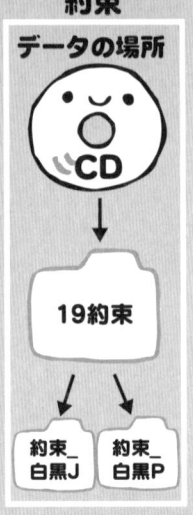

じゅんばんをまもりましょう。
文字あり…yaku_10a_B
文字なし…yaku_10b_B

しずかにしましょう。
文字あり…yaku_11a_B
文字なし…yaku_11b_B

プールサイドをはしらない！
文字あり…yaku_12a_B
文字なし…yaku_12b_B

ろうかをはしらない！
文字あり…yaku_13a_B
文字なし…yaku_13b_B

きけんなばしょであそばない！
文字あり…yaku_14a_B
文字なし…yaku_14b_B

★カラーはP74　　　　　　　　　　　　　　　　　　生活の約束・指導

約束

データの場所

CD → 19約束 → 約束_白黒J / 約束_白黒P

カサをふりまわすと あぶないよ！

文字あり…yaku_15a_B
文字なし…yaku_15b_B

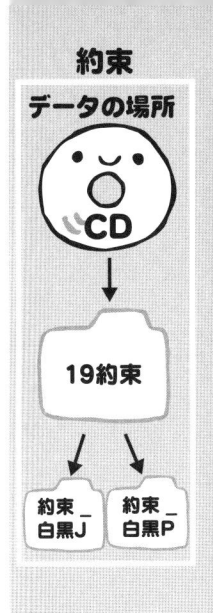

★カラーはP74　　　　　　　身のまわりの危険／防犯（いかのおすし）

安全

データの場所

CD → 20安全 → 安全_白黒J / 安全_白黒P

誤食　an_01_B

窒息　an_02_B

落下　an_03

感電　an_04_B

溺れる　an_05_B

やけど　an_06_B

あいことばは いかの おすし
an_07_B

しらないひとに ついていかない
文字あり…an_08a_B
文字なし…an_08b_B

しらないくるまに のらない
文字あり…an_09a_B
文字なし…an_09b_B

おおきなこえで 「たすけて〜！」とさけぶ
文字あり…an_10a_B
文字なし…an_10b_B

おとなのいるところへ すぐにげる
文字あり…an_11a_B
文字なし…an_11b_B

どんなひとが なにをしたのかしらせる
文字あり…an_12a_B
文字なし…an_12b_B

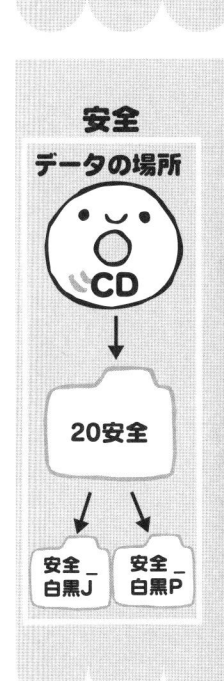

163

先生・保護者

先生／お礼・謝罪など／面接・面談／家庭訪問／保護者・家庭　　★カラーはP75

データの場所

CD → 21先生保護者 → 先生保護者_白黒J ／ 先生保護者_白黒P

sen_01_B
sen_02_B
sen_03_B
sen_04_B

よろしく
おねがいします。
文字あり…sen_05a_B
文字なし…sen_05b_B

ありがとう
ございました。
文字あり…sen_06a_B
文字なし…sen_06b_B

もうしわけ
ございません。
文字あり…sen_07a_B
文字なし…sen_07b_B

ごきょうりょくを
おねがいします。
文字あり…sen_08a_B
文字なし…sen_08b_B

ご注意下さい！
文字あり…sen_09a_B
文字なし…sen_09b_B

入園児面接
文字あり…sen_10a_B
文字なし…sen_10b_B

個人面談
文字あり…sen_11a_B
文字なし…sen_11b_B

家庭訪問に
うかがいます。
文字あり…sen_12a_B
文字なし…sen_12b_B

sen_13_B
sen_14_B
sen_15_B
sen_16_B
sen_17_B
sen_18_B
sen_19_B
sen_20_B
sen_21_B

★カラーはP76　　　　　　　　　　　　　　赤ちゃんの生活／飾り罫

赤ちゃん
データの場所
CD
↓
22赤ちゃん
↓　↓
赤ちゃん_白黒J　赤ちゃん_白黒P

aka_01_B
aka_02_B
aka_03_B
aka_04_B
aka_05_B
aka_06_B
aka_07_B
aka_08_B
aka_09_B
aka_10_B
aka_11_B
aka_12_B
aka_13_B
aka_14_B
aka_15_B
aka_16_B
aka_17_B
aka_18_B
aka_19_B
aka_20_B
aka_21_B
aka_22_B
aka_23_B
aka_24_B
aka_25_B
aka_26_B
aka_27_B

165

誕生日

お誕生会／プレゼント・ケーキ／文字・囲み枠　　★カラーはP77

データの場所
CD → 23誕生日 → 誕生日_白黒J／誕生日_白黒P

- tan_01_B
- tan_02_B
- tan_03_B
- tan_04_B
- tan_05_B
- tan_06_B
- tan_07_B
- tan_08_B
- tan_09_B
- tan_10_B
- tan_11_B
- tan_12_B
- tan_13_B
- tan_14_B
- tan_15_B

文字あり…tan_16a_B
文字なし…tan_16b_B
文字のみ…tan_16c_B

文字あり…tan_17a_B
文字なし…tan_17b_B
文字のみ…tan_17c_B

文字あり…tan_18a_B
文字なし…tan_18b_B
文字のみ…tan_18c_B

文字あり…tan_19a_B
文字なし…tan_19b_B

★カラーはP78〜79　　　　　　　　　　　　　　　　　　　　　メダル　　賞状

データの場所

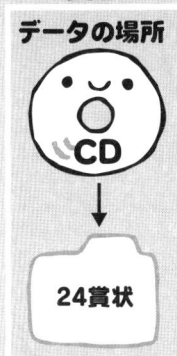

CD → 24賞状 → 賞状_白黒J / 賞状_白黒P

sho_01_B

sho_02_B

sho_03_B

sho_04_B

sho_05_B

sho_06_B

sho_07_B

賞状　　賞状　　　　　　　　　　　　　　　　　　　★カラーはP78

データの場所

CD → 24賞状 → 賞状_白黒J ／ 賞状_白黒P

A4サイズ…sho_08a_B
ハガキサイズ…sho_08b_B

A4サイズ…sho_09a_B
ハガキサイズ…sho_09b_B

168

★カラーはP78　　　　　　　　　　　　　　　　　　　　　　　　　賞状

賞状

データの場所
CD
↓
24賞状
↓　　↓
賞状_白黒J　賞状_白黒P

A4サイズ…sho_10a_B
ハガキサイズ…sho_10b_B

A4サイズ…sho_11a_B
ハガキサイズ…sho_11b_B

賞状

賞状

★カラーはP78

データの場所
CD → 24賞状 → 賞状_白黒J / 賞状_白黒P

A4サイズ…sho_12a_B
ハガキサイズ…sho_12b_B

A4サイズ…sho_13a_B
ハガキサイズ…sho_13b_B

★カラーはP79　　　　　　　　　　　　　　　　　　　　　　　メダル　　賞状

データの場所

CD → 24賞状 → 賞状_白黒J ／ 賞状_白黒P

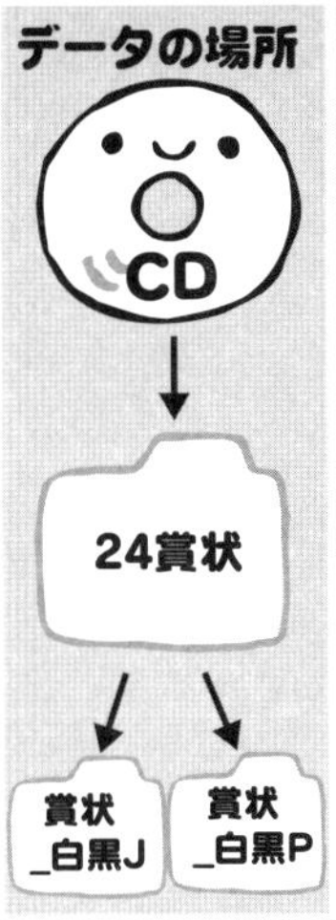

sho_14_B

sho_15_B

sho_16_B

sho_17_B

A4サイズ…sho_18a_B
ハガキサイズ…sho_18b_B

171

| 賞状 | 表紙絵 | ★カラーはP79 |

データの場所
CD → 24賞状 → 賞状_白黒J / 賞状_白黒P

A4サイズ…sho_19a_B
ハガキサイズ…sho_19b_B

A4サイズ…sho_20a_B
ハガキサイズ…sho_20b_B

★カラーはP79

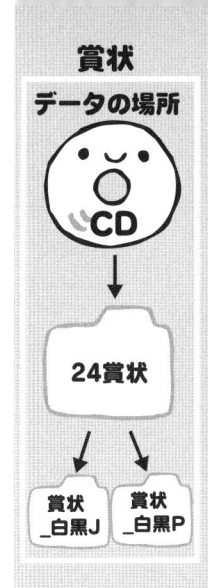

表紙絵

賞状

データの場所

CD
↓
24賞状
↓ ↓
賞状_白黒J　賞状_白黒P

A4サイズ…sho_21a_B
ハガキサイズ…sho_21b_B

A4サイズ…sho_22a_B
ハガキサイズ…sho_22b_B

173

ごっこ遊び

おみせやさんごっこ／おみせマーク

★カラーはP80

データの場所
CD → 25ごっこ遊び → ごっこ遊び_白黒J／ごっこ遊び_白黒P

- go_01_B
- go_02_B さかなや
- go_03_B やおや
- go_04_B ほんや
- go_05_B おもちゃや
- go_06_B パンや
- go_07_B はなや
- go_08_B ケーキや
- go_09_B にくや

★カラーはP80　　　　　　　　　　　　　　　　　　　　　　　　お金　　ごっこ遊び

どんぐりぎんこう　1000
1000　どんぐりぎんこう

go_10_B

どんぐりぎんこう　2000
2000　どんぐりぎんこう

go_11_B

どんぐりぎんこう　5000
5000　どんぐりぎんこう

go_12_B

どんぐりぎんこう　10000
10000　どんぐりぎんこう

go_13_B

1 — go_14_B

5 — go_15_B

10 — go_16_B

50 — go_17_B

100 — go_18_B

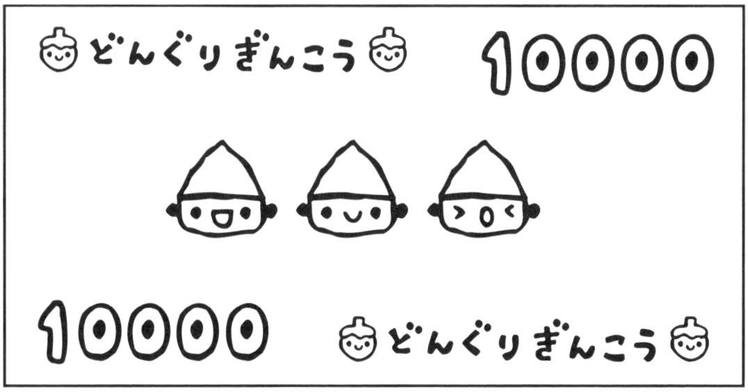

500 — go_19_B

データの場所　CD → 25ごっこ遊び → ごっこ遊び_白黒J / ごっこ遊び_白黒P

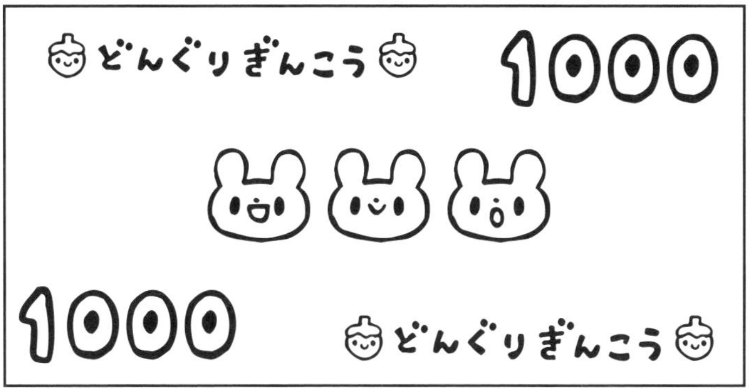

175

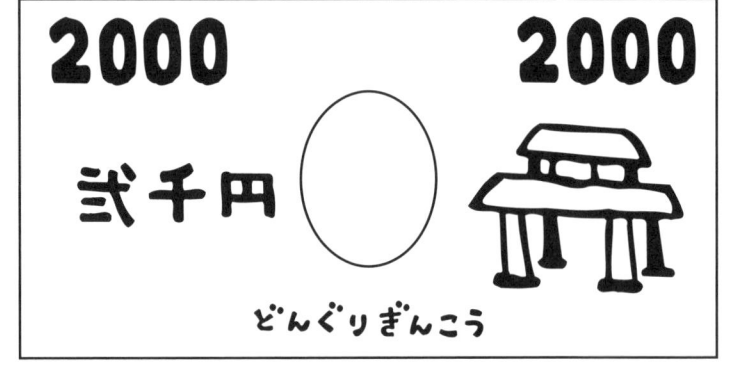

ごっこ遊び　お金　　　★カラーはP80

データの場所
CD → 25ごっこ遊び → ごっこ遊び_白黒J / ごっこ遊び_白黒P

- go_20_B （1）
- go_21_B （5）
- go_22_B （10）
- go_23_B （50）
- go_24_B （100）
- go_25_B （500）
- go_26_B （1000 千円 どんぐりぎんこう）
- go_27_B （2000 弐千円 どんぐりぎんこう）
- go_28_B （5000 五千円 どんぐりぎんこう）
- go_29_B （10000 壱万円 どんぐりぎんこう）

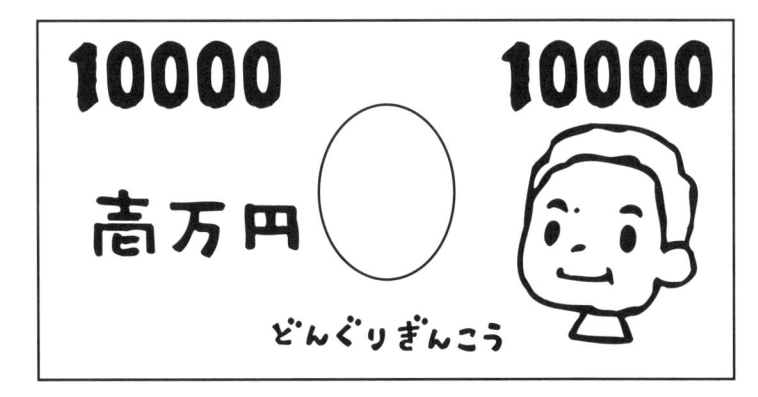

★カラーはP80〜81　　　　　　　　　　　　　　お金／お弁当マーク

★好きな絵を描いてオリジナルのお金を作ることが出来ます

go_30_B

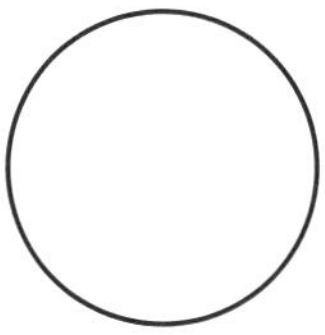

go_31_B 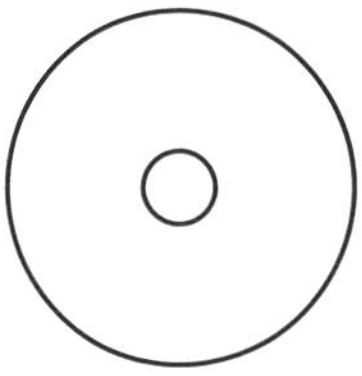　　go_32_B 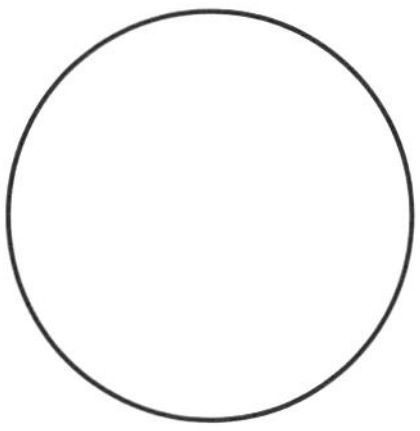　　go_33_B 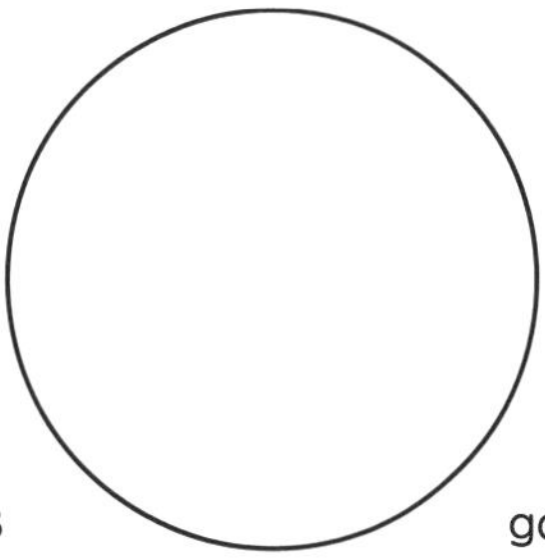　　go_34_B

お弁当箱　go_35_B

ごっこ遊び

データの場所

CD
↓
25ごっこ遊び
↓　　↓
ごっこ遊び_白黒J　ごっこ遊び_白黒P

ごっこ遊び　お弁当マーク　★カラーはP81

データの場所
CD → 25ごっこ遊び → ごっこ遊び_白黒J / ごっこ遊び_白黒P

- フォーク　go_36_B
- スプーン　go_37_B
- おはし　go_38_B
- クマちゃんおむすび　go_39_B
- ウサちゃんおむすび　go_40_B
- 味付きおむすび　go_41_B
- 三角おむすび　go_42_B
- エビフライ　go_43_B
- 肉団子　go_44_B
- ハムサンド　go_45_B
- タマゴサンド　go_46_B
- ピーマンの肉詰め　go_47_B
- ウインナー　go_48_B
- たこさんウインナー　go_49_B
- シャケ　go_50_B

178

★カラーはP81　　　　　　　　　　　　お弁当マーク

ごっこ遊び
データの場所
CD → 25ごっこ遊び → ごっこ遊び白黒J ／ ごっこ遊び白黒P

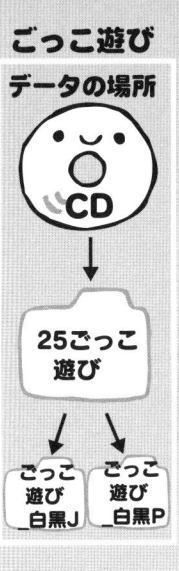

- レタス　go_51_B
- ケチャップ　go_52_B
- マヨネーズ　go_53_B 
- 型抜きハム　go_54_B 
- 型抜きかまぼこ　go_55_B 
- 卵焼き　go_56_B 
- ゆでたまご　go_57_B 
- アスパラベーコン巻き　ben_58_B 
- ポテト　go_59_B 
- 煮豆　go_60_B 
- ウズラの卵　go_61_B 
- しいたけ　go_62_B 
- ミニトマト　go_63_B 
- マメ　go_64_B 
- きんぴらごぼう　go_65_B 
- ちくわキュウリ　go_66_B 
- ブロッコリー　go_67_B 
- レンコン　go_68_B 
- ミニグラタン　go_69_B 
- ウサギリンゴ　go_70_B 
- オレンジ　go_71_B 
- イチゴ　go_72_B 

179

マーク かお／動物 ★カラーはP82

データの場所
CD → 26マーク → マーク_白黒J / マーク_白黒P

くまくん ma_001_B	うさちゃん ma_002_B	ぶたくん ma_003_B	ねこちゃん ma_004_B
ぞうくん ma_005_B	キリン先生 ma_006_B	あおくん ma_007_B	あかくん ma_008_B
きいろちゃん ma_009_B	ペンギン ma_010_B	先生 ma_011_B	男の子 ma_012_B
女の子 ma_013_B	カエル ma_014_B	コアラ ma_015_B	パンダ ma_016_B
			ライオン ma_017_B
ウサギ ma_018_B	イヌ ma_019_B	カバ ma_020_B	ネズミ ma_021_B
			ゾウ ma_022_B
ウサギ ma_023_B	ライオン ma_024_B	ウシ ma_025_B	ヘビ ma_026_B
アライグマ ma_027_B	クマ ma_028_B	パンダ ma_029_B	ウマ ma_030_B
カバ ma_031_B	シマウマ ma_032_B	リス ma_033_B	ブタ ma_034_B

180

★カラーはP82〜83　　　　　　　　　　　動物／鳥／海の生き物／虫

マーク
データの場所
CD → 26マーク → マーク_白黒J / マーク_白黒P

- ワニ　ma_035_B
- イヌ　ma_036_B
- トラ　ma_037_B
- サイ　ma_038_B
- カメレオン　ma_039_B
- ネコ　ma_040_B
- カンガルー　ma_041_B
- サル　ma_042_B
- キリン　ma_043
- アルパカ　ma_044_B
- シカ　ma_045_B
- ユニコーン　ma_046_B
- 小鳥　ma_047_B
- フクロウ　ma_048_B
- オウム　ma_049_B
- ツバメ　ma_050_B
- ペリカン　ma_051_B
- ニワトリ　ma_052_B
- ヒヨコ　ma_053_B
- アヒル　ma_054_B
- ハクチョウ　ma_055_B
- クジラ　ma_056_B
- イルカ　ma_057_B
- ラッコ　ma_058_B
- アザラシ　ma_059_B
- クマノミ　ma_060_B
- マンボウ　ma_061_B
- タコ　ma_062_B
- イカ　ma_063_B
- カニ　ma_064_B
- カメ　ma_065_B
- 青虫　ma_066_B
- カブトムシ　ma_067_B
- クワガタ　ma_068_B

181

マーク

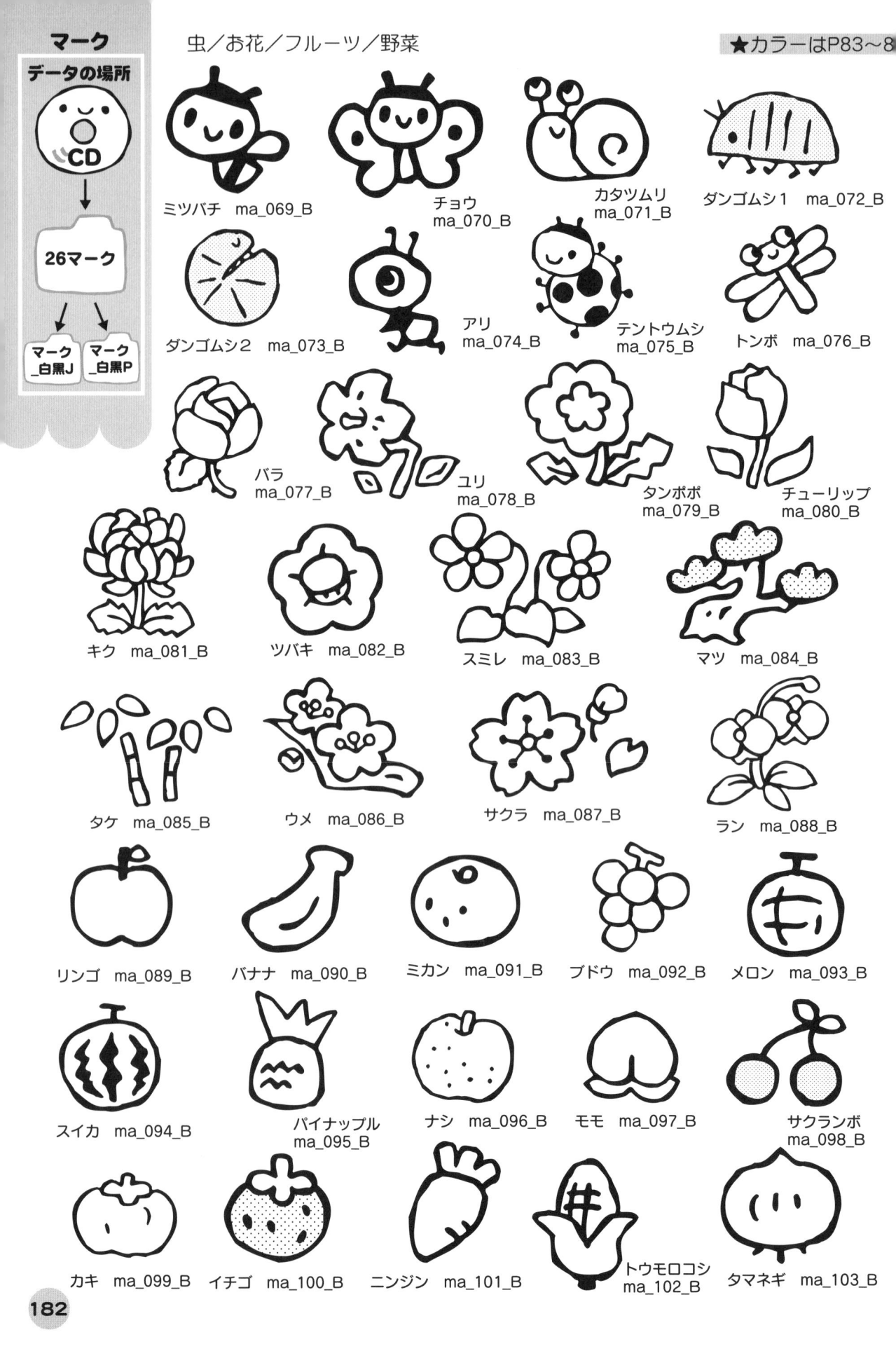

虫／お花／フルーツ／野菜

★カラーはP83〜8

データの場所
CD → 26マーク → マーク_白黒J / マーク_白黒P

名前	ファイル名
ミツバチ	ma_069_B
チョウ	ma_070_B
カタツムリ	ma_071_B
ダンゴムシ１	ma_072_B
ダンゴムシ２	ma_073_B
アリ	ma_074_B
テントウムシ	ma_075_B
トンボ	ma_076_B
バラ	ma_077_B
ユリ	ma_078_B
タンポポ	ma_079_B
チューリップ	ma_080_B
キク	ma_081_B
ツバキ	ma_082_B
スミレ	ma_083_B
マツ	ma_084_B
タケ	ma_085_B
ウメ	ma_086_B
サクラ	ma_087_B
ラン	ma_088_B
リンゴ	ma_089_B
バナナ	ma_090_B
ミカン	ma_091_B
ブドウ	ma_092_B
メロン	ma_093_B
スイカ	ma_094_B
パイナップル	ma_095_B
ナシ	ma_096_B
モモ	ma_097_B
サクランボ	ma_098_B
カキ	ma_099_B
イチゴ	ma_100_B
ニンジン	ma_101_B
トウモロコシ	ma_102_B
タマネギ	ma_103_B

182

★カラーはP84　　　　　　　　　　　野菜／生活／教材

マーク
データの場所
CD → 26マーク → マーク_白黒J / マーク_白黒P

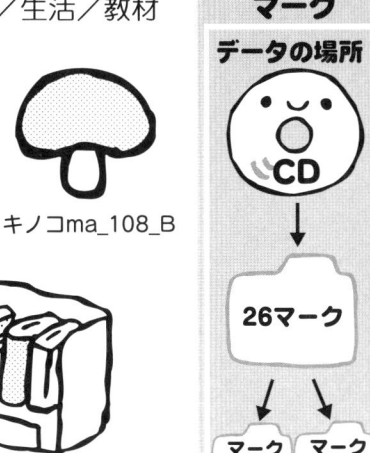

- ナス ma_104_B
- ピーマン ma_105_B 
- ジャガイモ ma_106_B 
- カボチャ ma_107_B 
- キノコ ma_108_B
- キャベツ ma_109_B 
- ダイコン ma_110_B 
- 絵本 ma_111_B 
- 本棚 ma_112_B 
- ゴミ箱 ma_113_B 
- ホウキ ma_114_B 
- チリトリ ma_115_B 
- 園児服1 ma_116_B 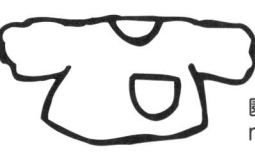
- 園児服2 ma_117_B 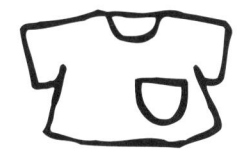
- 園帽子 ma_118_B 
- ベレー帽 ma_119_B 
- 麦わら帽子 ma_120_B 
- カラー帽子 ma_121_B 
- うわばき ma_122_B 
- うわばき後ろ ma_123_B 
- そとばき1 ma_124_B
- そとばき2 ma_125_B 
- 長靴 ma_126_B 
- 園かばん ma_127_B 
- 絵本かばん ma_128_B 
- 巾着袋 ma_129_B 
- うわばき入れ ma_130_B 
- お弁当箱 ma_131_B 
- タオル ma_132_B 
- ハサミ ma_133_B 
- のり ma_134_B 
- 鉛筆 ma_135_B 
- 消しゴム ma_136_B 
- クレヨン ma_137_B 
- 色鉛筆 ma_138_B 
- マーカーペン ma_139_B 
- 絵の具 ma_140_B 

183

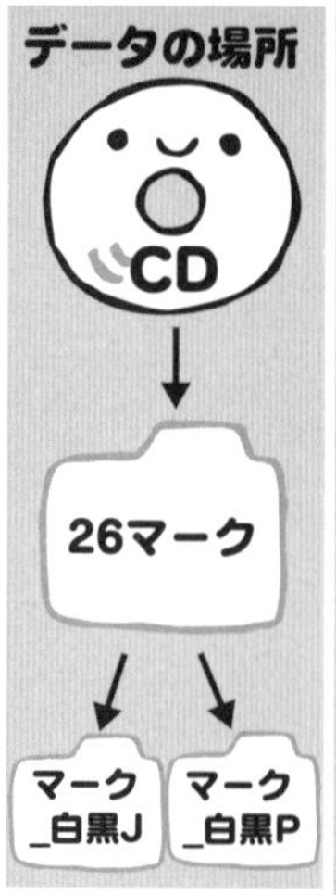

マーク

教材／衣類／赤ちゃんグッズ／おままごと

★カラーはP84〜85

データの場所
CD → 26マーク → マーク_白黒J / マーク_白黒P

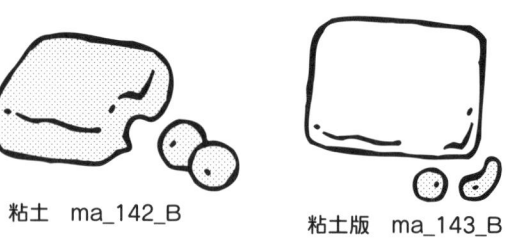

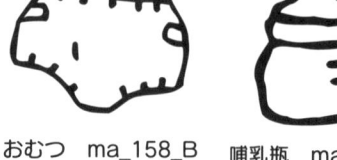

	筆　ma_141_B
	粘土　ma_142_B
	粘土版　ma_143_B
	 ホチキス　ma_144_B
	 折り紙　ma_145_B
	 輪ゴム　ma_146_B
	 ビニールテープ　ma_147_B
	 セロハンテープ　ma_148_B
	 画鋲　ma_149_B
	スケッチブック　ma_150_B
	 シャツ1　ma_151_B
	 シャツ2　ma_152_B
	 半ズボン　ma_153_B
	 スカート　ma_154_B
	 靴下　ma_155_B
	 パンツ1　ma_156_B
	 パンツ2　ma_157_B
	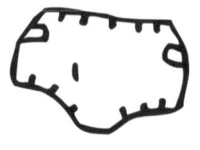 おむつ　ma_158_B
	哺乳瓶　ma_159_B
	ミルク缶　ma_160_B
	 フライパン　ma_161_B
	おなべ　ma_162_B
	 おたま　ma_163_B
	 フライ返し　ma_164_B
	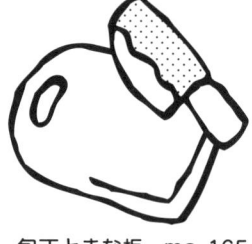 包丁とまな板　ma_165_B
	 やかん　ma_166_B
	 茶碗　ma_167_B
	 お椀　ma_168_B
	 おはし　ma_169_B
	 コップ　ma_170_B
	 お皿　ma_171_B
	 携帯電話　ma_172_B

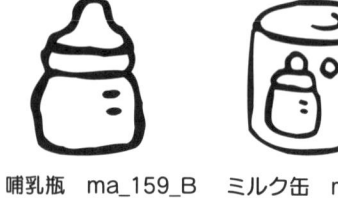

★カラーはP85　　　　　　　　　　　　　　　　　　　　　おもちゃ／乗り物

積み木　ma_173_B	 ブロック　ma_174_B
 ぬいぐるみ　ma_175_B	 型はめ　ma_176_B
 タイヤ　ma_177_B	 三輪車　ma_178_B
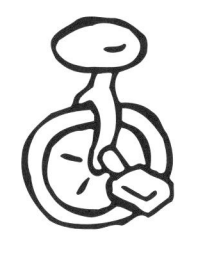 一輪車　ma_179_B	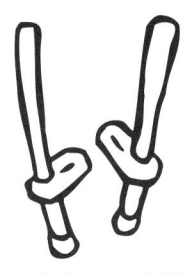 竹馬　ma_180_B
 ホッピング　ma_181_B	 手押し車　ma_182_B
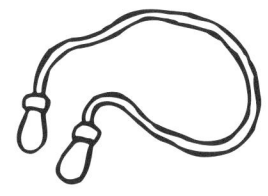 なわとび　ma_183_B	 ボール　ma_184_B
 砂場用型　ma_185_B	 シャベル　ma_186_B
 スコップ　ma_187_B	 クマデ　ma_188_B
 ふるい　ma_189_B	 自動車　ma_190_B
 ダンプカー　ma_191_B	 トラック　ma_192_B
 ミキサー車　ma_193_B	 ブルドーザー　ma_194_B
 飛行機　ma_195_B	 消防車　ma_196_B
 救急車　ma_197_B	 パトカー　ma_198_B
 バス　ma_199_B	 自転車　ma_200_B

マーク

データの場所

CD → 26マーク → マーク_白黒J / マーク_白黒P

| フォント | ひらがな | | | | ★カラーはP86 |

データの場所: CD → 27フォント → フォント_白黒J / フォント_白黒P

あ	い	う	え	お
fo_001_B	fo_002_B	fo_003_B	fo_004_B	fo_005_B
か	き	く	け	こ
fo_006_B	fo_007_B	fo_008_B	fo_009_B	fo_010_B
さ	し	す	せ	そ
fo_011_B	fo_012_B	fo_013_B	fo_014_B	fo_015_B
た	ち	つ	て	と
fo_016_B	fo_017_B	fo_018_B	fo_019_B	fo_020_B
な	に	ぬ	ね	の
fo_021_B	fo_022_B	fo_023_B	fo_024_B	fo_25_B0
は	ひ	ふ	へ	ほ
fo_026_B	fo_027_B	fo_028_B	fo_029_B	fo_030_B
ま	み	む	め	も
fo_031_B	fo_032_B	fo_033_B	fo_34_B	fo_035_B
や		ゆ		よ
fo_036_B		fo_037_B		fo_038_B
ら	り	る	れ	ろ
fo_039_B	fo_040_B	fo_041_B	fo_042_B	fo_043_B

わ fo_044_B
を fo_045_B
ん fo_046_B

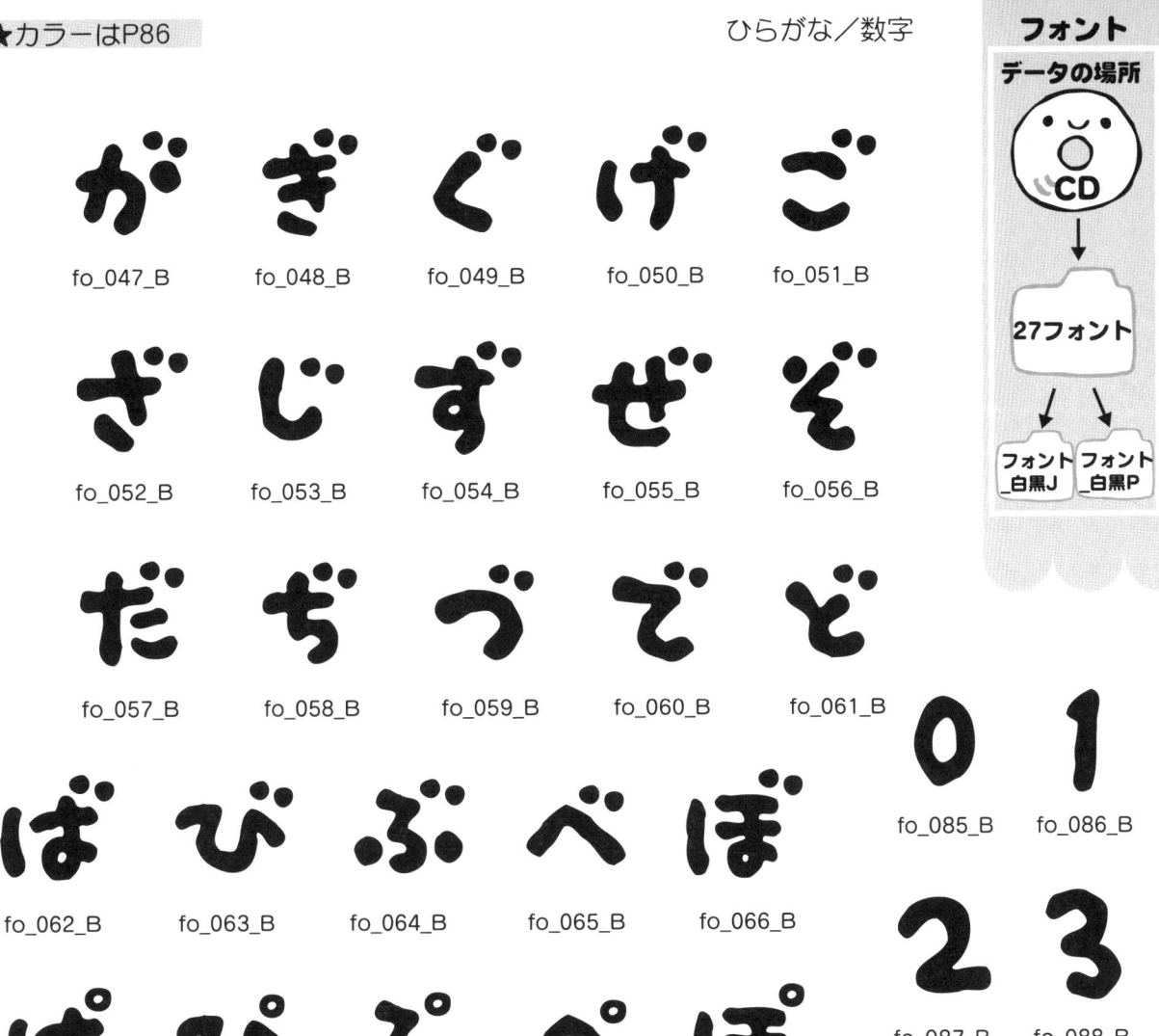

★カラーはP86　　　　　　　　　　　ひらがな／数字　　フォント

が	ぎ	ぐ	げ	ご
fo_047_B	fo_048_B	fo_049_B	fo_050_B	fo_051_B
ざ	じ	ず	ぜ	ぞ
fo_052_B	fo_053_B	fo_054_B	fo_055_B	fo_056_B
だ	ぢ	づ	で	ど
fo_057_B	fo_058_B	fo_059_B	fo_060_B	fo_061_B
ば	び	ぶ	べ	ぼ
fo_062_B	fo_063_B	fo_064_B	fo_065_B	fo_066_B
ぱ	ぴ	ぷ	ぺ	ぽ
fo_067_B	fo_068_B	fo_069_B	fo_070_B	fo_071_B
あ	い	う	え	お
fo_072_B	fo_073_B	fo_074_B	fo_075_B	fo_076_B
や		ゆ		よ
fo_077_B		fo_078_B		fo_079_B
っ	、	。	?	!
fo_080_B	fo_081_B	fo_082_B	fo_083_B	fo_084_B

データの場所 CD → 27フォント → フォント_白黒J　フォント_白黒P

0	1
fo_085_B	fo_086_B
2	3
fo_087_B	fo_088_B
4	5
fo_089_B	fo_090_B
6	7
fo_091_B	fo_092_B
8	9
fo_093_B	fo_094_B

187

フォント

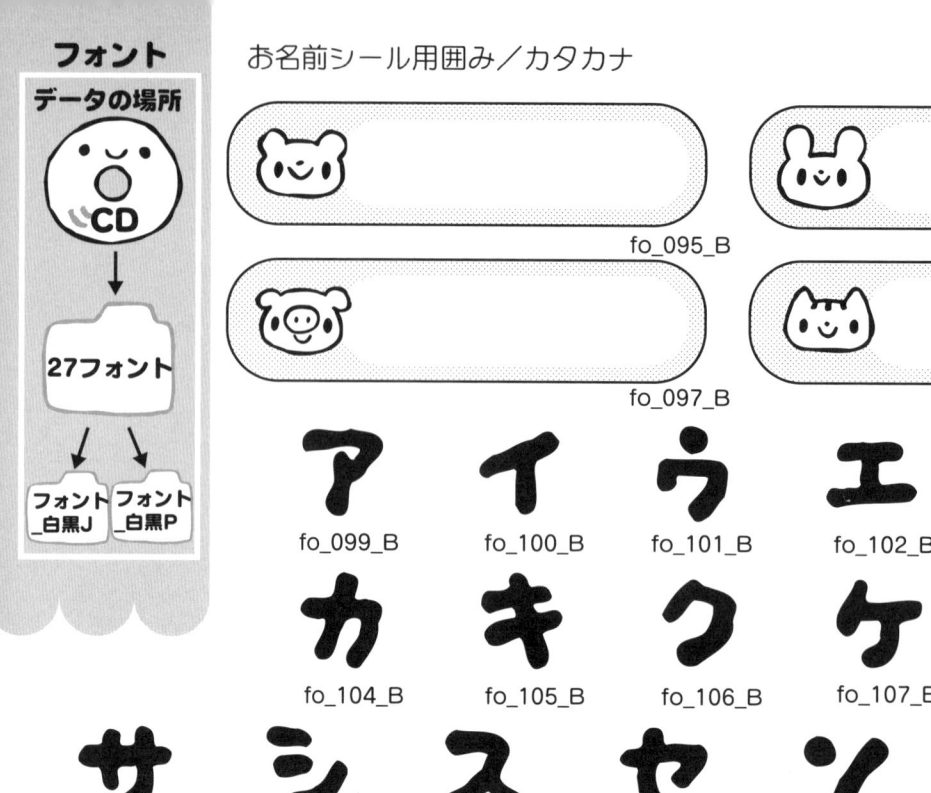

データの場所 CD → 27フォント → フォント_白黒J / フォント_白黒P

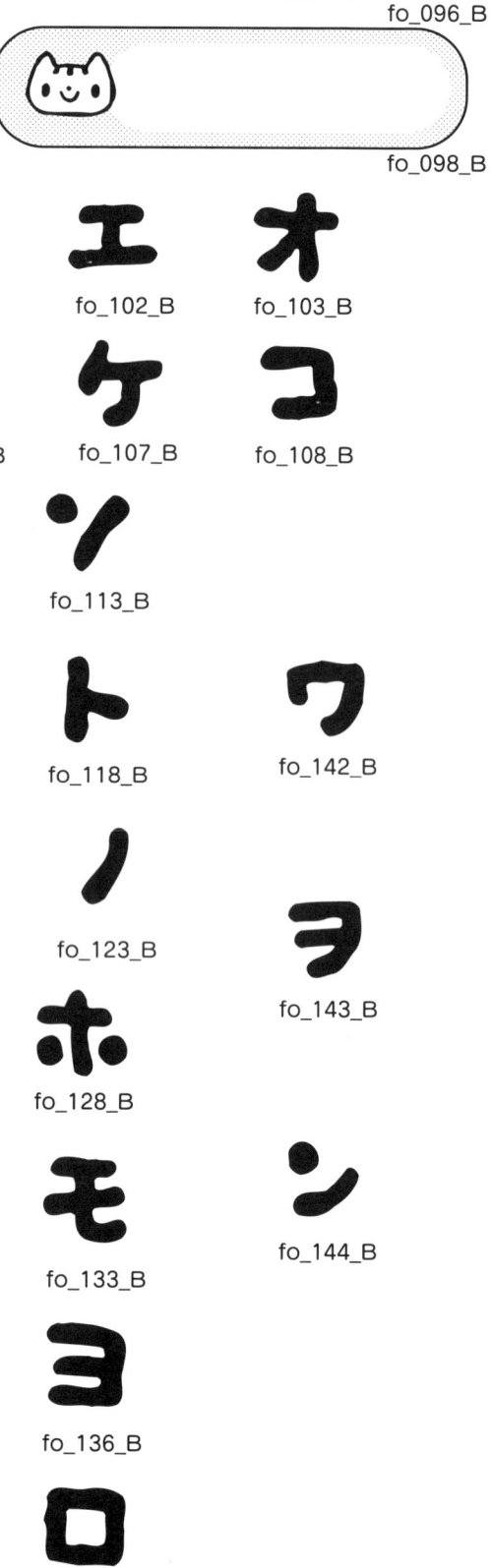

お名前シール用囲み／カタカナ

★カラーはP87

fo_095_B
fo_096_B
fo_097_B
fo_098_B

ア fo_099_B	イ fo_100_B	ウ fo_101_B	エ fo_102_B	オ fo_103_B
カ fo_104_B	キ fo_105_B	ク fo_106_B	ケ fo_107_B	コ fo_108_B
サ fo_109_B	シ fo_110_B	ス fo_111_B	セ fo_112_B	ソ fo_113_B
タ fo_114_B	チ fo_115_B	ツ fo_116_B	テ fo_117_B	ト fo_118_B
ナ fo_119_B	ニ fo_120_B	ヌ fo_121_B	ネ fo_122_B	ノ fo_123_B
ハ fo_124_B	ヒ fo_125_B	フ fo_126_B	ヘ fo_127_B	ホ fo_128_B
マ fo_129_B	ミ fo_130_B	ム fo_131_B	メ fo_132_B	モ fo_133_B
ヤ fo_134_B		ユ fo_135_B		ヨ fo_136_B
ラ fo_137_B	リ fo_138_B	ル fo_139_B	レ fo_140_B	ロ fo_141_B

ワ fo_142_B
ヲ fo_143_B
ン fo_144_B

188

★カラーはP87　　　　　　　　　　　　　　　　　カタカナ／記号

ガ	ギ	グ	ゲ	ゴ
fo_145_B	fo_146_B	fo_147_B	fo_148_B	fo_149_B
ザ	ジ	ズ	ゼ	ゾ
fo_150_B	fo_151_B	fo_152_B	fo_153_B	fo_154_B
ダ	ヂ	ヅ	デ	ド
fo_155_B	fo_156_B	fo_157_B	fo_158_B	fo_159_B
バ	ビ	ブ	ベ	ボ
fo_160_B	fo_161_B	fo_162_B	fo_163_B	fo_164_B
パ	ピ	プ	ペ	ポ
fo_165_B	fo_166_B	fo_167_B	fo_168_B	fo_169_B
ア	イ	ゥ	エ	オ
fo_170_B	fo_171_B	fo_172_B	fo_173_B	fo_174_B
ャ	ュ	ョ	ッ	
fo_175_B	fo_176_B	fo_177_B	fo_178_B	
＋	－	×	÷	＝	～	・
fo_179_B	fo_180_B	fo_181_B	fo_182_B	fo_183_B	fo_184_B	fo_185_B
／	，	「	」	〈	〉	♪
fo_186_B	fo_187_B	fo_188_B	fo_189_B	fo_190_B	fo_191_B	fo_192_B

フォント
データの場所
CD
→
27フォント
↓　↓
フォント_白黒J　フォント_白黒P

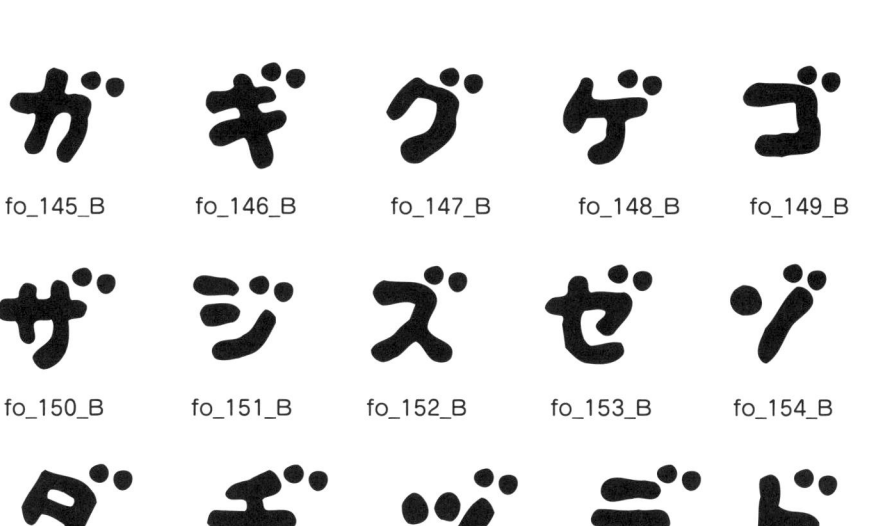

似顔絵　かおパーツ　　★カラーはP88

データの場所
CD
↓
28似顔絵
↓
似顔絵_白黒P

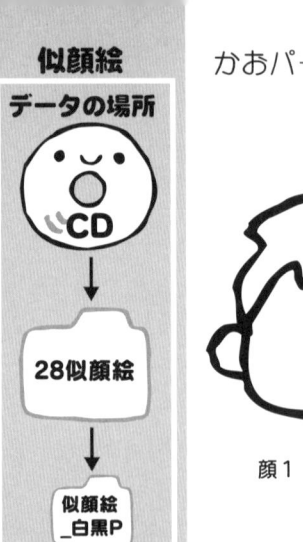

顔1　kao_01_B
顔2　kao_02_B 
顔3　kao_03_B 
顔4　kao_04_B 
顔5　kao_05_B 
顔6　kao_06_B 
顔7　kao_07_B 
顔8　kao_08_B 
顔9　kao_09_B 
顔10　kao_10_B 
顔11　kao_11_B 
顔12　kao_12_B 
顔13　kao_13_B 
顔14　kao_14_B

眉1　kao_15_B
眉2　kao_16_B
眉3　kao_17_B

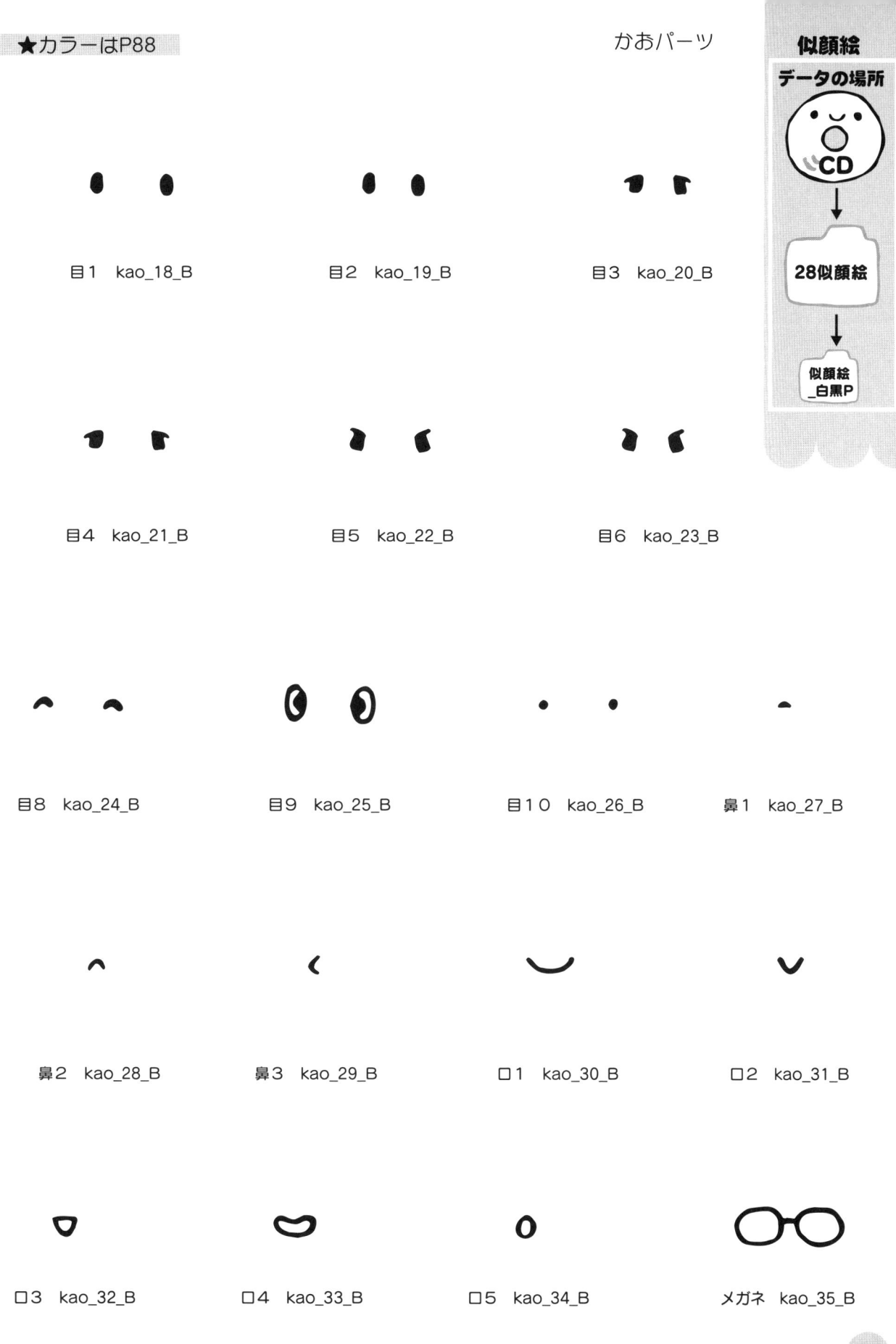

★カラーはP88　　　　　　　　　　　　　　　　　かおパーツ

似顔絵
データの場所
CD
↓
28似顔絵
↓
似顔絵_白黒P

目1　kao_18_B　　目2　kao_19_B　　目3　kao_20_B

目4　kao_21_B　　目5　kao_22_B　　目6　kao_23_B

目8　kao_24_B　　目9　kao_25_B　　目10　kao_26_B　　鼻1　kao_27_B

鼻2　kao_28_B　　鼻3　kao_29_B　　口1　kao_30_B　　口2　kao_31_B

口3　kao_32_B　　口4　kao_33_B　　口5　kao_34_B　　メガネ　kao_35_B

191

どんぐり。(donnguri)

イラストレーター
どんぐり。(田中ユウスケ)
1977年栃木県生まれ。
玩具企画制作会社に8年間勤務後、2005年よりフリーランス。
雑誌・広告・メディアのイラストキャラクターを制作。
自主企画である「にがおえけいかく」では、15000人を超える似顔絵を制作。
★著書
『すくすくカット CD-ROM 保育に、育児に、おとなも使えるかわいいイラストデータ集』
マール社　2008年
★デザイン、イラストなど
●ローソン　花と緑のキャンペーンイラスト　●ぱど「まみたん」イメージキャラクターデザイン・イラスト　●アルク「子ども英語」イラスト　●学研『クイズ漢字1年生』イラスト　他多数
ホームページアドレス　http://www.a-bi.net

使用許諾について
●本書をお買い上げいただいた方に限り、自由に何度でもお使いいただけます。
●イラストの著作権はすべて「どんぐり。」に帰属します。

ソフトの解説について
●本書ではCD-ROMの使い方を説明するにあたり、ソフトの解説を掲載していますが、ソフトの解説を目的とした本ではありません。ソフトについてのご質問にはお答えしかねますのでご了承ください。

かわいくって実用的！
にこにこ保育カット CD-ROM

2009年 8月20日　第1刷発行
2020年 5月20日　第9刷発行

著　　者　どんぐり。
発 行 者　田上妙子
印刷・製本　株式会社精興社
発 行 所　株式会社マール社
　　　　　〒113-0033
　　　　　東京都文京区本郷1-20-9
　　　　　TEL 03-3812-5437
　　　　　FAX 03-3814-8872
　　　　　URL https://www.maar.com/

ISBN978-4-8373-0767-9　　Printed in Japan
ⓒDonnguri. 2009

乱丁・落丁の場合はお取り替えいたします。

禁止事項
●データの複製、販売、譲渡、転売。
●ネットを介した複数の利用者間でのシェア利用。
●収録イラストを利用した印刷物の受注販売、CMでの利用、商品への流用、企業のキャラクターとしての利用（別途料金が必要です。弊社までお問い合わせ下さい）。

ご注意
●収録データはお客様の責任においてご利用ください。収録データを使用した結果、損害や不利益が発生しても「どんぐり。」及び「(株)マール社」はいっさい責任を負いません。
●データは十分注意を払って製作しておりますが、欠陥がないことを保証するものではありません。
●お客様がCD-ROMを開封した場合は本使用許諾の注意書きを承諾したものと判断します。

■企画・編集
　櫻田宏美（マール社）

※ Microsoft® Windows®・Microsoft® Word®・Microsoft® Excel® はマイクロソフト社の登録商標です。
※ Macintosh® はアップル社の登録商標です。